U0488963

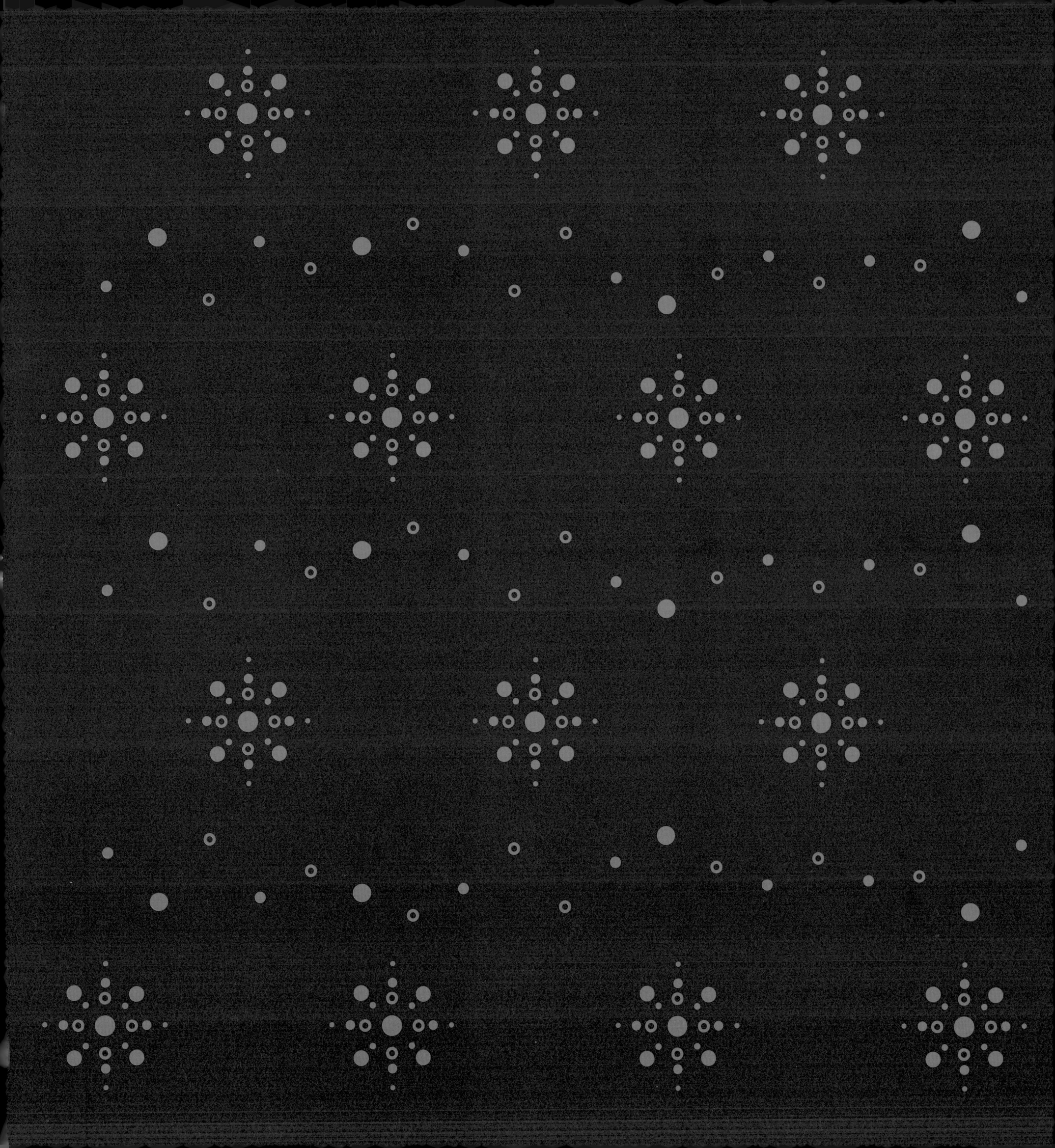

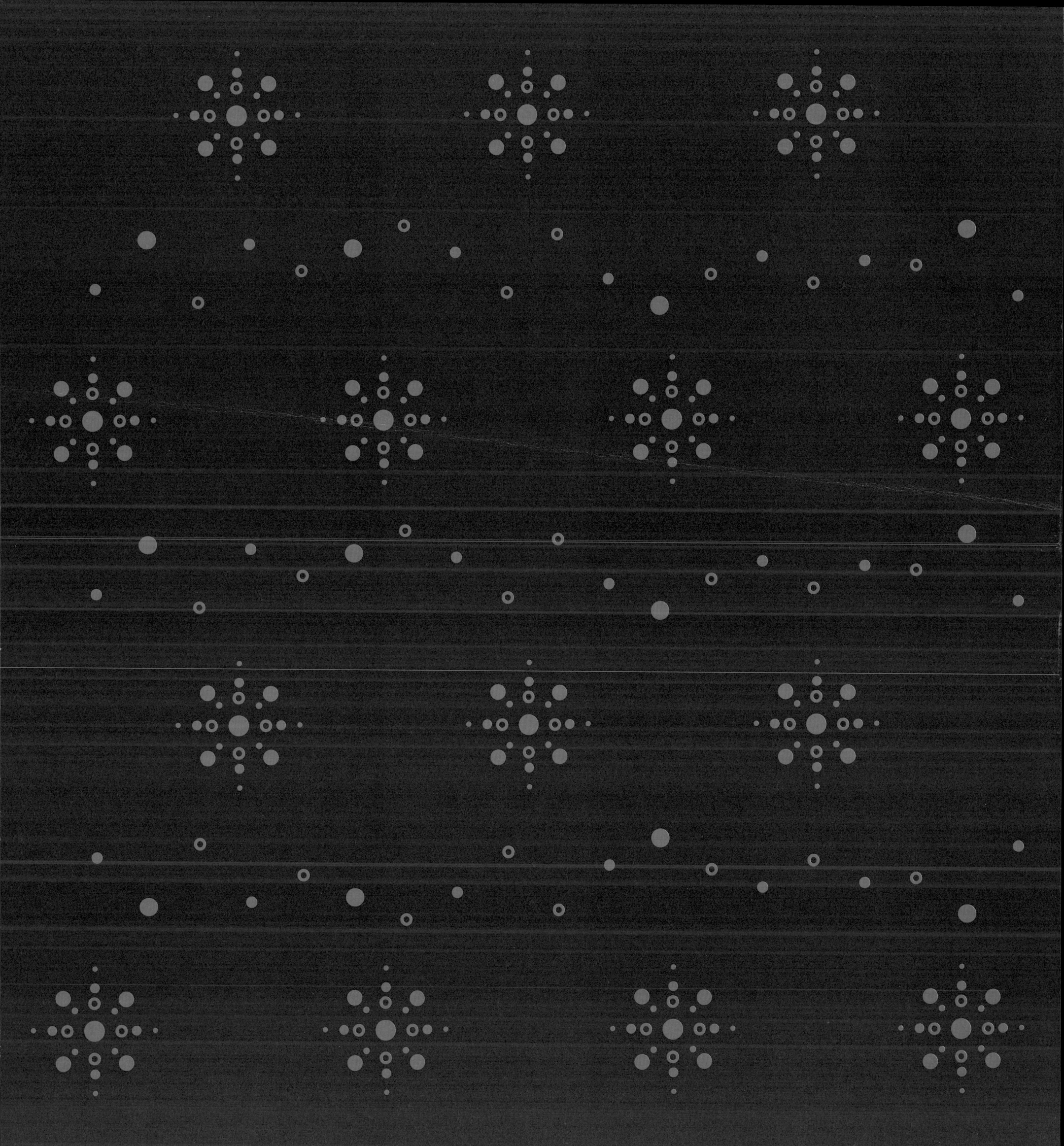

点亮艺术之眼
——伟大的博物馆

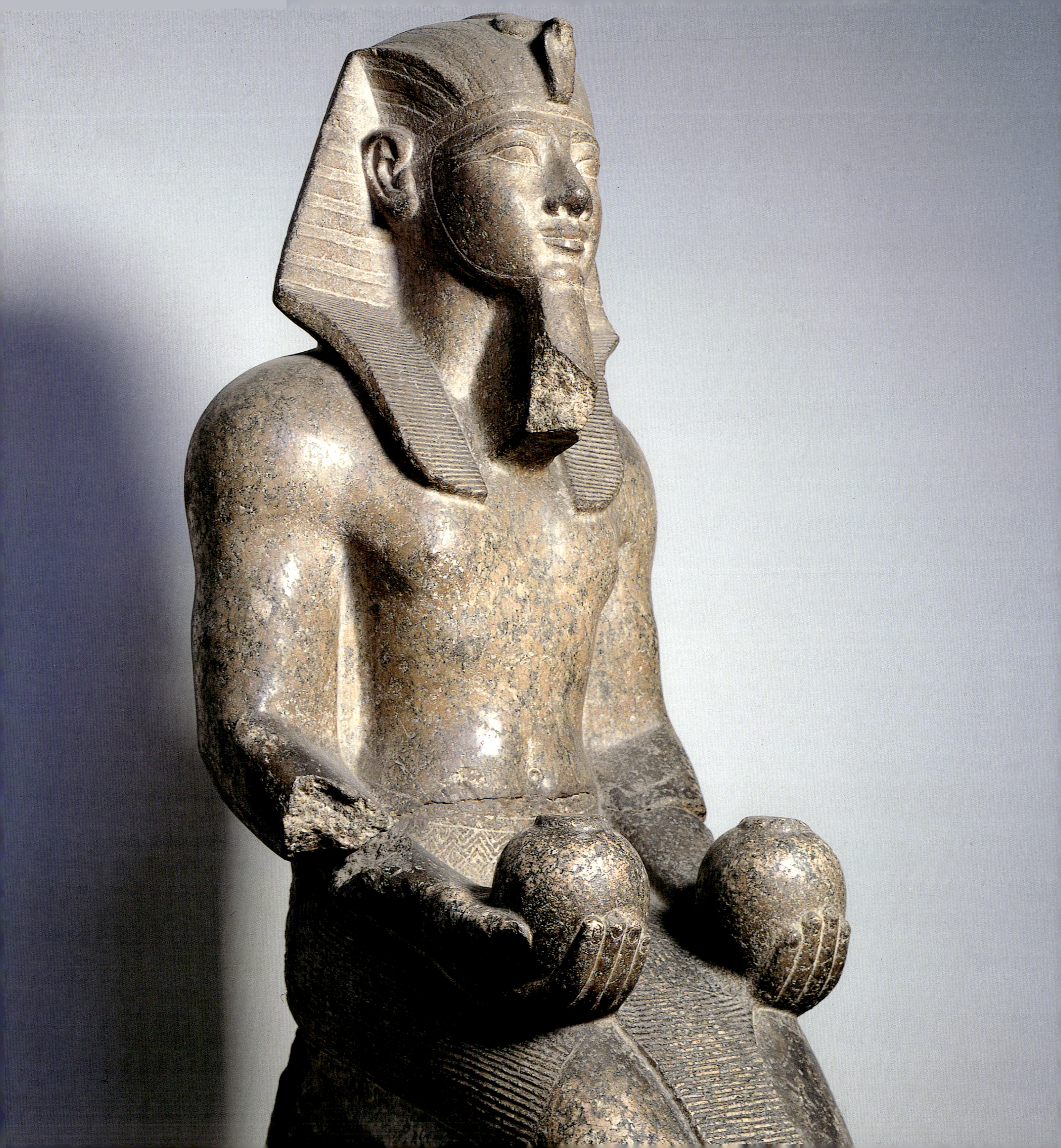

伟大的博物馆

都灵
埃及博物馆

Museo Egizio Torino

［意大利］西尔维娅·埃诺迪　编著

郑　昕　译

安徽美术出版社
全国百佳图书出版单位

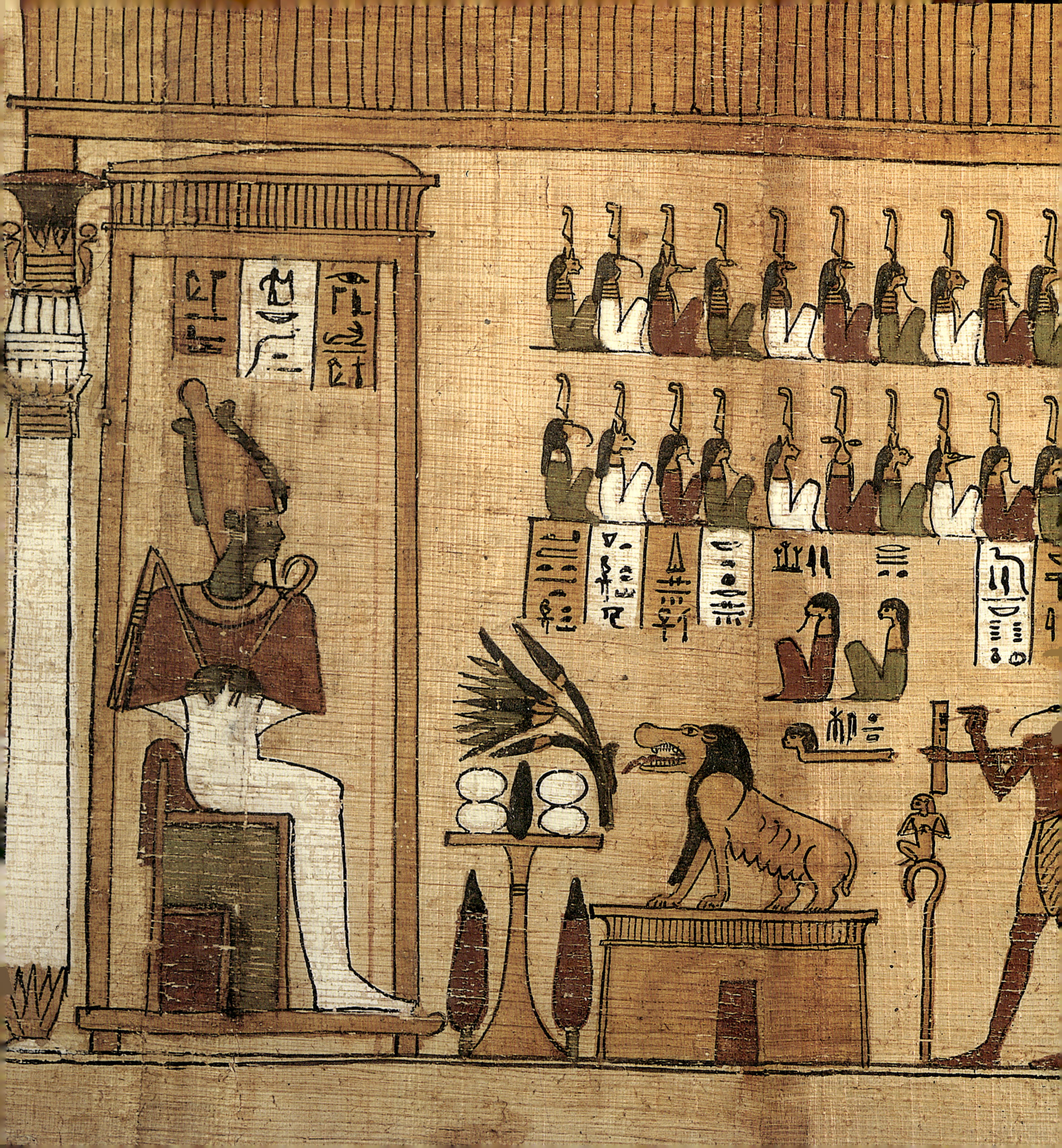

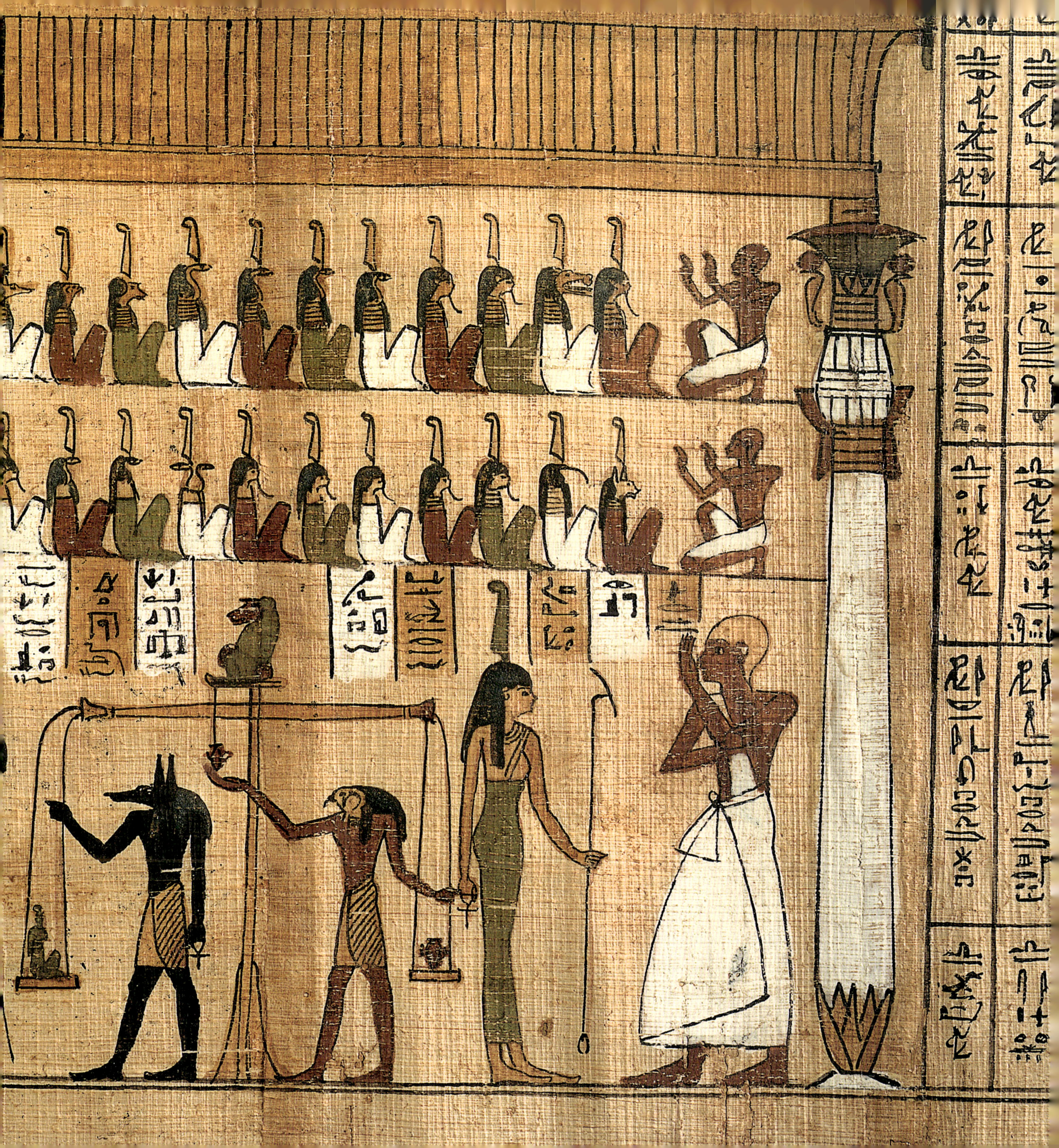

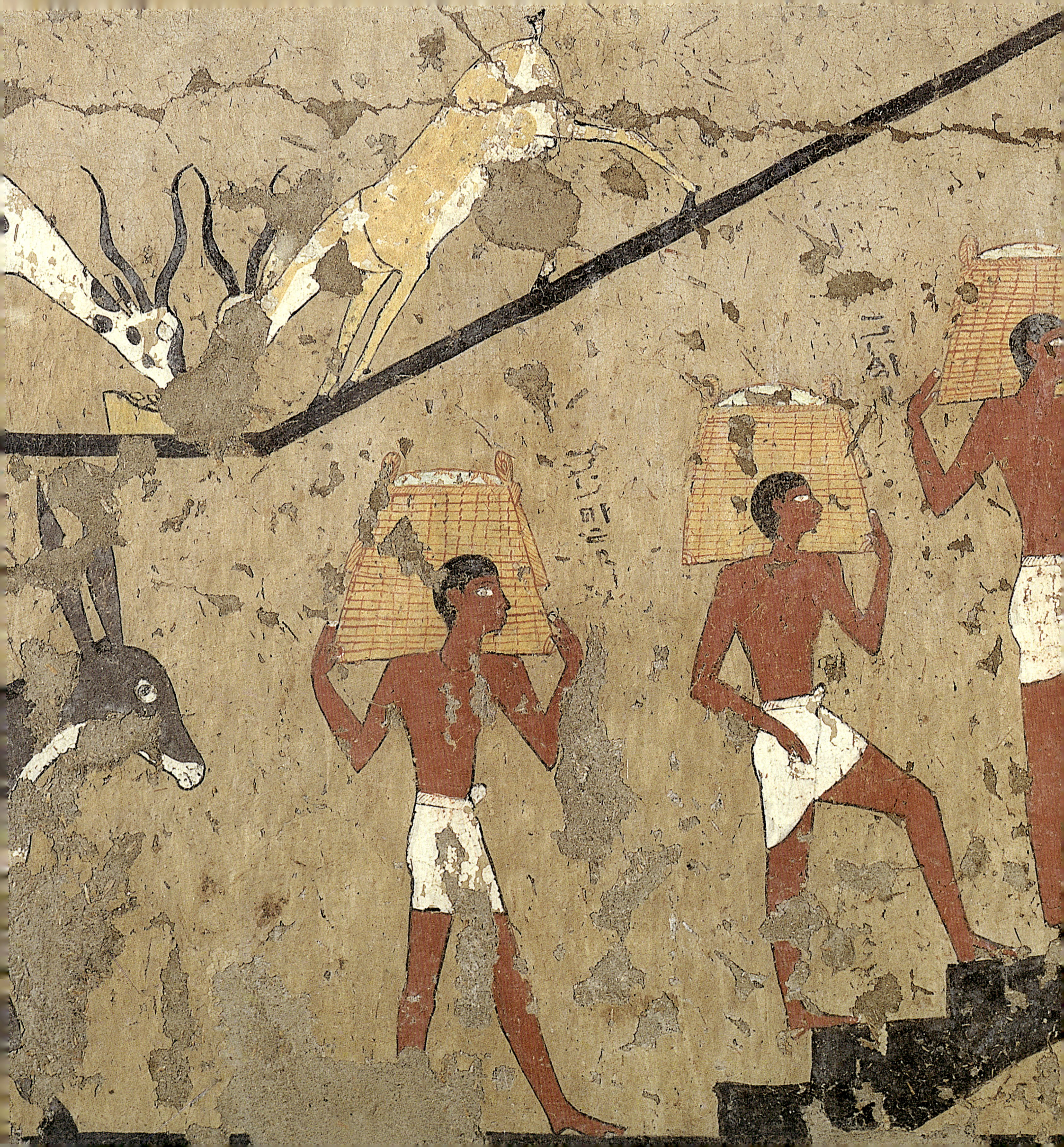

目 录

1
前言

3
都灵埃及博物馆

13
都灵埃及博物馆　主要馆藏

145
都灵埃及博物馆　参观指南

150
古埃及年表

151
作品索引

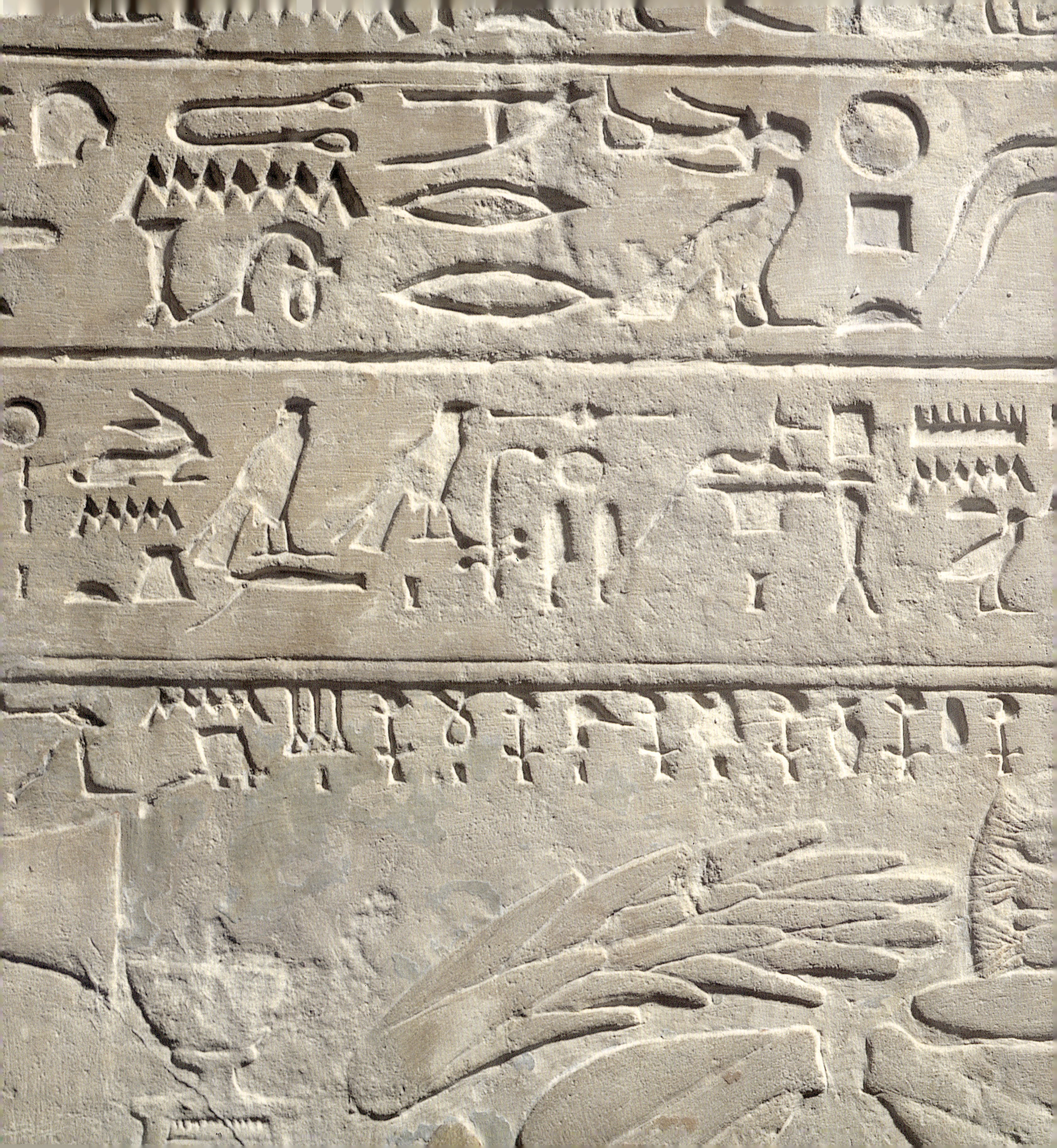

前　言

　　请你们想象一下，当第一件古埃及文物靠岸抵达都灵时，学者们该有多么震撼，他们该怀着多么强烈的好奇心去细细欣赏这件珍品。这已是 17 世纪中期的事了。当时的统治者萨沃亚家族买下了一件珍贵的文物，即"伊西斯的祭坛"，也称"本博的祭板"，这是一块嵌有银和铜的青铜祭板，用乌银加工而成。不过祭板并非产自埃及，它可能制作于罗马，原属于一位名叫伊赛奥的人。1527 年罗马遭到洗劫，该文物引起了众人的关注。当时的红衣主教本博买下后来到曼托瓦，祭板成为贡扎加家族的财产，几经周折后最终成为萨沃亚家族收藏品之一。当时的人们都相信这是一件货真价实的古埃及文物，学者们也都煞费苦心地对其进行研究，却终无所获。其中有一位名叫阿塔纳斯·珂雪的学者参与了 17 世纪一个破译埃及象形文字的项目，历尽艰辛，最后仍以失败告终。不管这件"伊西斯的祭坛"是否来自古埃及，它所引起的震撼是空前的，人们对法老文明产生了极大的兴趣。1759 年，远早于拿破仑的萨沃亚王朝统治者卡洛·埃马努埃莱三世组织了一支科学贸易考察队伍前往埃及，带队的是都灵大学教授、植物学家维塔利亚诺·多纳蒂。这位杰出的植物学家被派往埃及和黎凡特地区，主要负责采集植物、动物和矿物标本，同时也收集"一些古代文物、珍贵手稿和保存良好的木乃伊"。在多纳蒂写的书信里，他讲述了从卡纳克神殿中挖掘出一尊赛克荷迈特雕像时所遭遇的艰难险阻，当地一群妇女围在旁边不停地抱怨，责怪他是个偷走雕像的"盗贼"。由于多纳蒂的任务顺利完成，真正的古埃及文物终于来到了都灵。除了上述的赛克荷迈特雕像外，同时到达都灵的还有一尊伊西斯雕像、一尊拉美西斯二世雕像及三百多件小型文物。大学博物馆为迎接这些文物的到来做了妥善布置。

　　但更好的东西还在后面。法国大革命和拿破仑改变了许多人的生活，比如一位都灵的青年律师贝尔纳迪诺·德罗韦蒂。他踌躇满志，全力支持拿破仑的伟大事业，满怀激情地参加了意大利战役，并表现出色，还在 1802 年被任命为埃及亚历山大港的法国领事。在那里，他目睹了许多重要的历史事件：拿破仑在埃及的赫赫战绩，英国在阿布基尔的胜利，埃及总督穆罕默德·阿里的上台。

在每一个历史转折点，甚至在法国君主制复辟后，德罗韦蒂总是能够以过人的智慧和杰出的外交手段保住自己的法国驻埃及领事这一职位，而他却始终是皮埃蒙特公民。在驻埃及期间，他收集了大量的埃及文物。1816 年，他想要把这些文物卖到自己的故乡皮埃蒙特，但遭到了拒绝。于是他又找到了法国相关部门，同样被拒。几年后，德罗韦蒂回到皮埃蒙特任职，这一次，交易终于得以顺利进行。1823 年，国王卡洛·费利切在普罗斯佩罗·巴尔博、卡洛·维杜阿等权臣的明智建议下，决定向德罗韦蒂购买他的文物收藏。此时，这些文物已经来到了里窝那。国王决定将这些文物收为皇家大学所有，并在科学院大楼内为它们设立一个新的展区。如今，这些文物依然保存在那里。

朱廖科尔代罗·迪桑昆蒂诺被任命为科学委员会主席，负责展区的布置工作，他也因此成为这批藏品的首任经理人。经过激烈的讨论后，委员会同意将这些藏品向所有科学家开放，且学者们有权对藏品进行支配。1824 年（埃及博物馆正式成立的年份），在展区的开幕仪式上，已声名远扬的法国年轻学者让－弗朗索瓦·商博良也受邀列席，他正是两年前成功破译埃及象形文字的人。这位名叫商博良的学者之前破译文字时依靠的仅仅是模型和草图，这是他第一次在都灵亲眼见到真正的古埃及文物。"对我来说，"他在一封信中如此写道，"前往孟菲斯和底比斯的道路从都灵开始。"解读德罗韦蒂藏品成为商博良生命中一项令他激动万分的工作，他每天都在解读雕像和莎草纸文书的兴奋中度过——尽管嫉妒心强烈又诡计多端的经理人朱廖科尔代罗·迪桑昆蒂诺一直不停地给他制造麻烦。经过短短几个月的紧张工作（1824 年 6 月至 1825 年 2 月），商博良不仅从中确认了自己对象形文字的正确解读，还因此成功地为埃及千年历史的解构奠定了基础。这正是都灵埃及博物馆的重要性所在。

马可·卡尔米纳蒂

都灵埃及博物馆

"前往孟菲斯和底比斯的道路从都灵开始。"19世纪初著名的埃及象形文字破译者让－弗朗索瓦·商博良用这句话概括了都灵古埃及收藏品在刚刚诞生的古埃及文物学方面的重要性。

都灵从很早以前便与古埃及有着密切的关联，有关它的宗教信仰、神秘传说与旅行者的见闻在皮埃蒙特地区广为流传，人们对在尼罗河畔有着三千多年灿烂历史的古埃及文明充满了向往。

在古罗马时期，人们曾在考古发掘地挖掘出一些还愿性质的小青铜雕刻，比如阿匹斯公牛神像，这表明在皮埃蒙特地区早就存在着受古埃及影响而流传开来的宗教仪式。在著名的伊西斯神殿遗址（位于现今意大利都灵省的一个市镇蒙泰乌达波）中发现的许多在1世纪使用的与伊西斯祭礼相关的物品，更证实了上述说法。

这些文物充分展现了古罗马时期在皮埃蒙特地区人们所进行的古埃及宗教仪式的魅力，但在随后的几个世纪里，古埃及的历史与宗教都随着国家的消亡在时间的长河中被人们淡忘了。到了文艺复兴时期，萨沃亚家族为了政治宣传的目的将埃及传说又一次摆到世人面前，旨在为都灵城市的诞生增添神话色彩，有利于其家族的统治。1577年，在萨沃亚公爵埃马努埃莱·菲利贝托的赞助下，菲利贝托·平戈内创作的《都灵》出版，这本书以薄伽丘等早先的作家作品情节为基础，用童话的方式讲述了都灵的起源。在书中，都灵发源于波河河畔，传说一位来自埃及的王子埃里达诺－费托内特于公元前1529年来到意大利，意图建立新的殖民地，却在都灵溺水身亡。埃马努埃莱·特索罗在他的作品《都灵史》（1679）中同样讲述了这个传说，开篇便是从埃里达诺－费托内特的经历讲起。埃里达诺－费托内特是一位来自克诺珀斯（埃及）的贪婪征服者，从亚平宁半岛北部而来，计划在波河河畔建立都灵城。除了这些，平戈内和特索罗两人都提到了城市名字的来源，以及从古埃及宗教中的阿匹斯公牛神借用而来的城市标志——公牛。

然而，萨沃亚王朝对古埃及的兴趣并不局限于利用神话传说达到政治目的，他们还大方地购

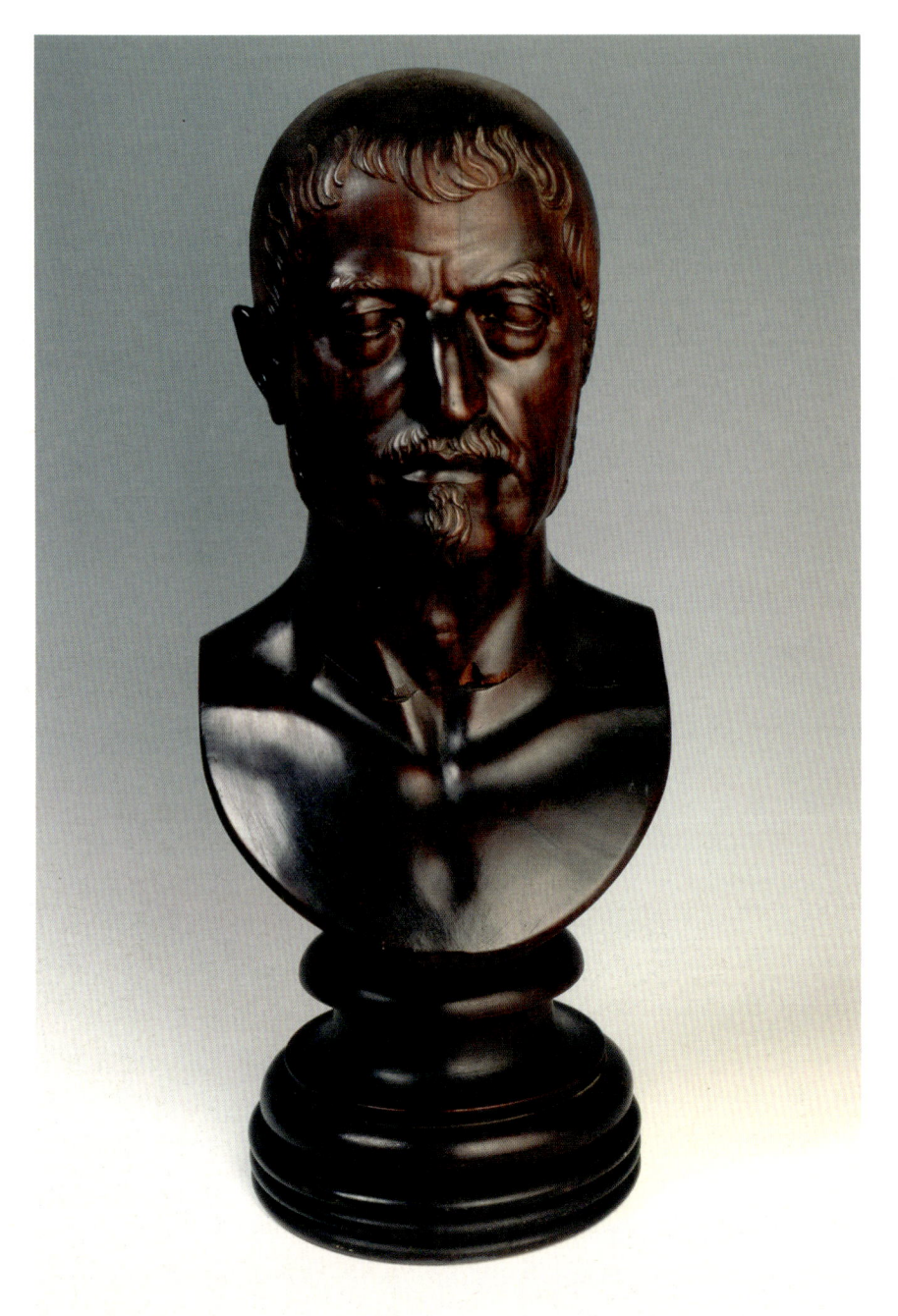

卡洛·马罗凯蒂
贝尔纳迪诺·德罗韦蒂的木制头像

莱奥纳尔多·比斯托尔菲
埃内斯托·斯基亚帕雷利的头像
20世纪初

买了不少古埃及文物的真品或仿品，最初的一批作品中便包含了那件著名的"伊西斯的祭坛"。这是一块镶嵌有银和铜的青铜祭板，局部用乌银加工，于1527年罗马遭受佣兵洗劫时出现在世人眼前。祭板上雕刻了一系列围绕在伊西斯旁边的天神，而伊西斯则坐在华盖下方的宝座上。起初"伊西斯的祭坛"被认为是一件法老时期的真品，后来经确认为古罗马时期（1世纪）的古埃及风格仿品，为伊西斯祭坛上的一部分装饰，其表面雕刻的象形图案只是纯粹的装饰，没有任何文字意义。这块祭板在被萨沃亚家族购买之前，曾先后为大主教本博和贡扎加家族的收藏品。大约在 1630 年，萨沃亚家族买下了包括这件作品在内的许多文物，并在一个世纪后将它们陈列于都灵大学并展出。

欧洲与地中海南岸重新建立联系后，对古文物，尤其是那些来自埃及和近东地区的古文物的追寻，渐渐成为 18 世纪整个欧洲的潮流。贸易往来、科学研究和探险的开展，推动了对远方土地的开发。光明会和雄心勃勃的欧洲皇室君主的资助使探险者们展开了一场考古发现的竞赛，而除了文物外，他们也将异域特有的动植物标本带回国内。此时，萨沃亚家族再一次展现了他们对考古领域的浓厚兴趣。他们指派以都灵大学植物学教授帕多瓦人维塔利亚诺·多纳蒂为队长的考察队前往近东地区进行考察，研究开发新贸易路线的可行性；并收集各类文物，如手稿、木乃伊、钱币，以及矿物和植物标本等，以带回都灵扩充大学博物馆藏品的规模。在维塔利亚诺·多纳蒂的漫长旅程中（1759—1762），他的足迹遍及埃及、西奈山、巴勒斯坦、叙利亚和伊拉克，最终在前往印度的途中葬身印度洋底。尼罗河河谷从北向南延伸，一直到阿斯旺。在这里，多纳蒂派人将三尊在卡纳克和卡普多斯发现的造型精美的雕像运回国，一同运回的还有包括基督教时期的油灯和动物木乃伊在内的数百件小物品。经多纳蒂辨识，运回国的三尊雕像分别为狮头人身的赛克荷迈特女神像、以伊西斯－哈索尔女神为外形的泰伊王后像和法老拉美西斯二世像。这些雕像规格一流，是早期抵达都灵的古埃及文物中最重要的部分。到了 1823 年至 1824 年间，在埃及文物收藏先驱萨沃亚家族的支持下，一批更为夺目的古埃及藏品抵达都灵。

到 18 世纪末和 19 世纪初，西方世界对神秘迷人的古埃及文化愈发感兴趣，古埃及文化成了主流，出现在艺术界、建筑界等各个领域，甚至是共济会。在皮埃蒙特，古埃及文化俨然成为一种真正的时尚，这种时尚在众人对古埃及的想象中达到了极致。别墅、楼房、城堡都被用有埃及神祇形象的壁画和地毯装饰，而绘画、装饰品和文学作品也被赋予埃及元素。

在 19 世纪初期，对古埃及文化的狂热和对古埃及文明的研究兴趣在贵族、共济会和知识分子的圈子中广为流行。古埃及文明能逐渐被西方世界所认识，与这群学者的贡献分不开，他们在"埃及战役"期间随拿破仑·波拿巴的军队来到尼罗河河谷，负责研究和考证埃及文物。他们对古埃及考古与新艺术形式的热情，促成了这项"既神圣又世俗"的使命，而这项使命又拉开了古埃及文物学研究的序幕，促进了考古科学的诞生与发展。在这一历史进程中，都灵率先迈出了重要的步伐。开展考古探索的时机已经成熟，古埃及的秘密正等待着人们去揭开。

萨沃亚家族统治的都灵之所以能在这个领域中占据重要地位，与一位名叫贝尔纳迪诺·德罗韦蒂（1776—1852）的人紧密相关。他出生于皮埃蒙特，在拿破仑·波拿巴手下担任外交人员，作为法国驻埃及领事长年居住在埃及。在这期间，他收集了大量的文物。这个人野心勃勃，备受争议，同时他又是个多面手，具备了商人的精明、探索者的智慧和政治家的狡诈和远见。正是由于他的这些特质，若干具有重要意义的物品与考古发现最终才能被带回皮埃蒙特，而他也因此被认定是一个贪婪的、不择手段的人。其实，要是没有德罗韦蒂在尼罗河河谷不知疲倦地进行考古探索与收集，都灵今天也不可能拥有被誉为世界上最重要的埃及博物馆之一的都灵埃及博物馆。德罗韦蒂在来到埃及担任外交人员的短短几年后便开始了他的埃及文物探索之旅，目的应该只是为了从中获利。但随着1815年拿破仑退位，德罗韦蒂也因此失去人生的首个领事职位，他对文物探索的热情便愈发浓厚了。他在埃及了解当地风土人情的同时，也建立了一张庞大的政治关系网，这使得他在全身心投入考古活动时不仅不会遇到阻碍，还能获得朋友和合作者的帮助。在他的朋友、被誉为"现代埃及之父"的埃及总督穆罕默德·阿里的书面同意下，德罗韦蒂沿着整个尼罗河河谷开始进行探索与文物挖掘，从卢克索三角洲、锡瓦绿洲，到法尤姆，最终到达阿布辛拜勒神殿，这一路上所有知名神殿的墙上都刻下了他的名字，这也是当时（备受争议）的习俗之一。正是他那几年的考古活动揭开了在官方许可下系统采掘埃及文物遗产的序幕。大量的文物藏品因此集中在了少数人的手上，这些人大多受欧洲一些大型博物馆的委托而进行采掘活动。在扩大收藏品的野心驱动下，这些博物馆之间进行了一场无序的竞争。尽管在今天看来，当年这些早期探险者和收藏家的行为都无可厚非，但我们不应忘记他们当时所处的政治和文化环境。当时，埃及是一个刚刚开放的国家，正艰难而缓慢地迈向现代化，他们对自己拥有的已被遗忘多个世纪的丰富文化遗产的价值浑然不知。许多西方人正是利用了这个情况大加掠夺，尽管他们也为此付出了健康与财产的代价。因为去埃及的路途总是漫长而艰辛，文物采掘常常伴随着危险，而为之投入的经费又十分不菲，于是当地各国的领事之间常常处于敌对状态，他们都想为自己的国家争取更多的利益；而委任的探险者则都剑拔弩张，想要带回更多的文物。在这种紧张的探险氛围中，德罗韦蒂绝对是这个舞台上无可争议的主角之一。他主要的合作者包括马赛雕刻家雅克·里福和皮埃蒙特人安东尼奥·莱博罗。在他们的帮助下，德罗韦蒂收集了数以百计的艺术品。这些作品都是古埃及文明史上各个领域的珍品，包括法老雕像、神祇雕像和一些私人雕像、石棺，具有重要意义的莎草纸文本、家具用品、乐器、石碑和木乃伊，以及部分陪葬品。从德罗韦蒂刚开始收藏文物时所写的书信中可以看出，他意在将这些收藏品卖出去。最初对这笔买卖感兴趣的是法国皇家博物馆负责人伯爵德·弗本，然而因双方不能在价格上达成共识而导致谈判中断。此时，在一些皮埃蒙特知识分子的介入和调解下，萨沃亚王朝开始对购买这批文物产生兴趣，双方的谈判持续了数年。切萨雷·萨卢佐、普罗斯佩罗·巴尔博和卡洛·维杜阿等人认为皮埃蒙特人德罗韦蒂的收藏品理应在故乡找到落脚的地方，在他们的耐心劝导下，这笔交易最终达成。其中，卡洛·维杜阿是一个古董爱好者，他曾远赴近东地区和埃及鉴赏文物，探索当时仍鲜为人知的遥远国度。他在1820年旅居埃及亚历山大港时认识了德罗韦蒂，成为后者的客人，亲眼见到了这批收藏品的一部分。当时德罗韦蒂已准备将这部分藏品寄往里窝那，希望可以将它们卖给欧洲的某

马可·尼可洛西诺
都灵埃及博物馆建造初期的大厅设计稿
约1832年

个博物馆。维杜阿作为一个颇有眼光的知识分子，立即意识到这批藏品的重要价值以及它能为萨沃亚王朝带来的声望。他回到皮埃蒙特后，在都灵科学院部分成员的支持下，向维多利奥·埃马努埃莱一世请示购买这批文物。历经三年的漫长谈判后，在卡洛·费利切国王在位期间交易终于达成。1823年12月29日，萨沃亚王朝正式购买了这批收藏品，付款40万里拉。1824年初，已在里窝那放置了许久的藏品通过海运到达了热那亚，再通过陆地运输最终到达都灵。这些文物被炮车装载着进入都灵城。整批藏品被安放在瓜里尼大楼中临时布置的几个展厅里，那里是都灵科学院所在地，也是如今的埃及博物馆所在地。科学院选出了部分专家负责对德罗韦蒂的这批文物

默林（卡之妻）匣子中的瓶子
第十八王朝

进行编录，同年，一位名叫让－弗朗索瓦·商博良的年轻有为的法国学者也加入了他们的队伍，他正是两年前成功破译埃及象形文字的人。在皮埃蒙特政府、萨沃亚王朝和科学院的强烈举荐下，商博良来到了都灵，而他的到来不仅对都灵的收藏品有着重要的意义，更是促进了埃及考古学的诞生。他的成就，在1832年被镌刻在他逝世时人们为他立下的石碑上。商博良花了几个月的时间研究那些雕像，运用自己不久前创立的埃及语言破解文字，为雕像确定年份，翻译莎草纸文本。

1824年11月8日，都灵埃及文物藏品作为大学考古博物馆中的一部分，正式向公众开放。1832年，卡洛·阿尔贝托国王变更了这些埃及藏品的所有权，建成了国家埃及与文物博物馆，将萨沃亚家族的收藏品（包括德罗韦蒂藏品及一些古代作品）和维塔利亚诺·多纳蒂带回都灵的文物集中存放在一起。然而为了容纳整个博物馆的所有藏品，原有的展览大楼必须扩建，国王命人在面朝卡里尼亚诺广场的一侧加建了边楼，专门用于陈设埃及文物：一层摆放的是大型石雕，二层主要为墓葬品。这些文物都被精心地安置在埃及风格的玻璃柜中。此时的博物馆已经收藏了上千件埃及文物，包括较早期从德罗韦蒂手中买来的其他文物，以及1833年从久居埃及的皮埃蒙特人朱赛佩·索西奥手中买下的几百件文物。19世纪后半叶，博物馆又获得了一些小型文物的捐赠，但藏品数量的根本性增长要归功于另一位重要人物——1894年至1928年间就职于埃及博物馆的馆长埃内斯托·斯基亚帕雷利（1856—1928）。斯基亚帕雷利极大地提升了这个博物馆的质量，他一直致力于购买新的文物，特意在吉萨、赫里奥波里斯、阿什穆内、德尔麦迪那、卡奥艾尔基比尔、哈马米加、艾斯尤特、基波林等文物发掘地和王后谷中寻找不在德罗韦蒂收藏品年代之列的作品。斯基亚帕雷利率领的意大利文物考古团队从1903年起开始进行挖掘工作，短短几年内便取得了世界级的考古成果。他们的主要发现有：纳菲尔塔莉女王墓（1904）、玛亚陵墓及祭堂（1905）、卡与默林完好无损的陵墓（1906）以及所谓的无名氏陵墓（1911），而这些陵墓中的所有陪葬品全部被收进博物馆。斯基亚帕雷利挖掘工作由朱利奥·法里纳接任后，后者又取得了若干重要的考古发现。在朱利奥·法里纳的领导和管理下，1939年文物博物馆从埃及博物馆中独立出来（包括管辖关系和存放场地），因为埃及博物馆将整栋大楼都扩充为其展览场馆，而那里正是最早存放那批埃及藏品的地方。同年，博物馆专门成立了埃及文物管理处；2004年，该管理处设立了基金会，通过国家机构及私人企业的共同运作来促进埃及博物馆各方面的建设。近几十年来，博物馆主要通过寄放、交换和赠送等方式获得新的文物。卡洛·安蒂修

玛亚的石碑和祭堂
（局部）
第十八王朝

复的文物正是通过这种渠道进入了博物馆。他曾担任意大利埃及考古小组负责人，于1930年至1933年间负责泰布图尼斯发掘地的考古工作。值得一提的还有一个小型岩石神殿（来自埃雷西加），它是 1966 年埃及共和国赠送的，以感谢意大利在联合国保护埃及文物免受河水淹没的行动中所提供的帮助。在那次行动中，意大利为阿斯旺建造了大坝。博物馆最近一次重要的藏品扩充来自一批阿尔特米多鲁斯莎草纸文本，这些文本可能形成于公元前 1 世纪到公元 1 世纪之间，发现于亚历山得里诺周边，由都灵圣保罗艺术基金会为博物馆埃及文物基金会购买。这些莎草纸文本是迄今我们所能获得的最古老的文本之一，它丰富了博物馆在古希腊—古罗马年代的埃及藏品。至此，埃及博物馆收藏了从前王朝时期到科普特时期横跨四千多年历史的文物。

伊西斯的祭坛
（局部）
1 世纪

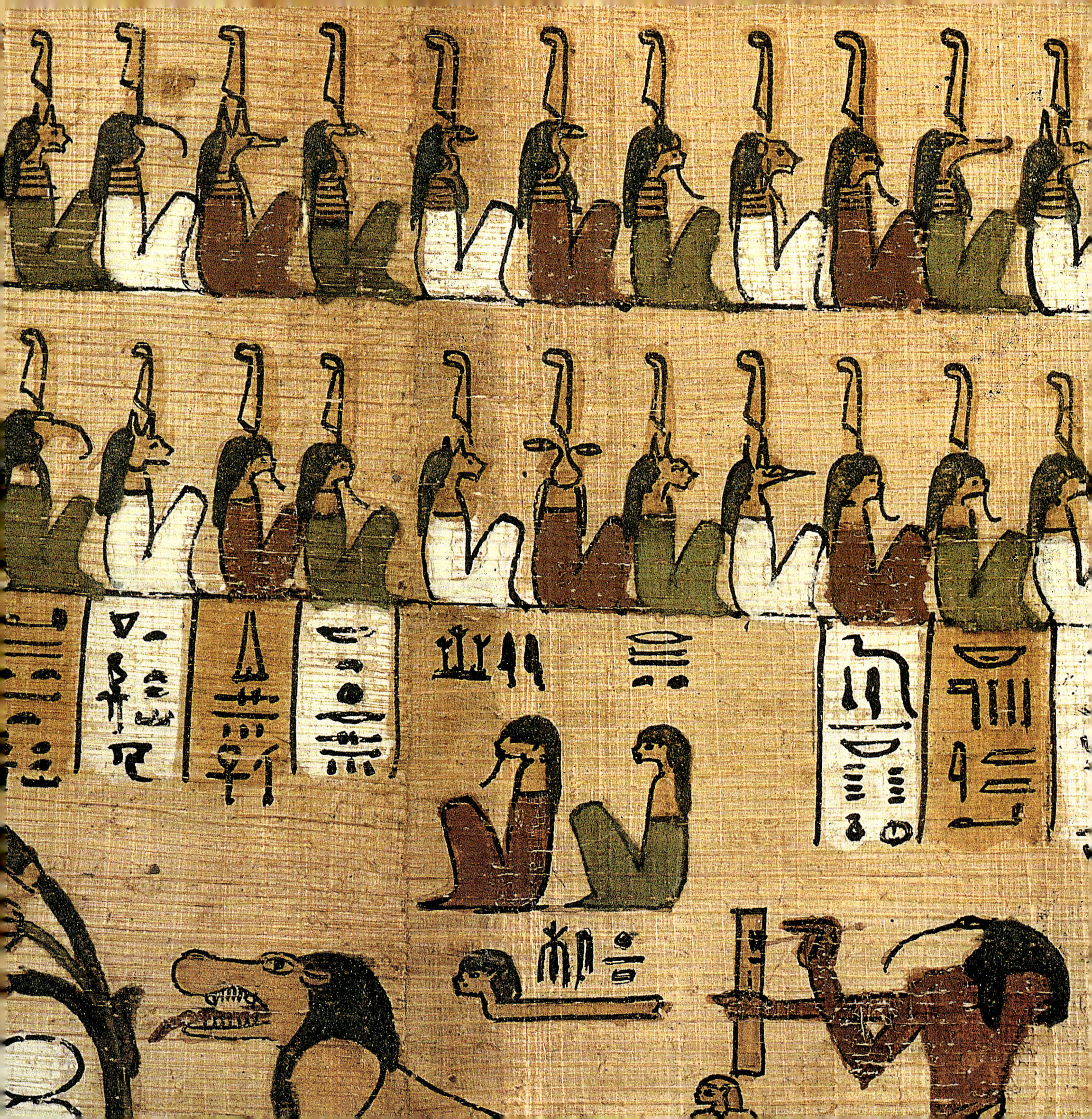

都灵埃及博物馆　主要馆藏

画布

公元前 4000 年中期

亚麻布
原始尺寸：约 390 cm × 95 cm
编号 S.17138
朱利奥·法里纳发掘于基波林

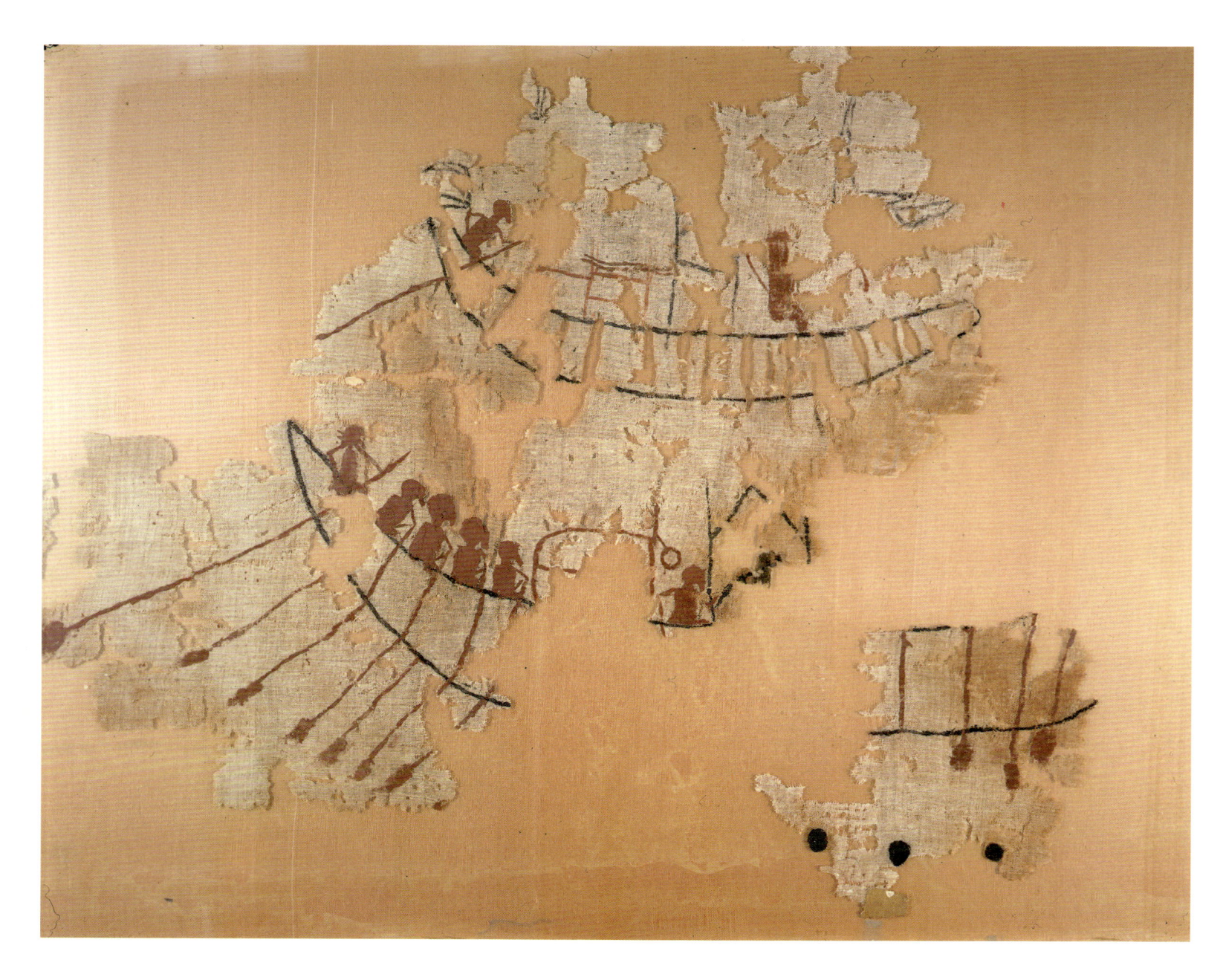

埃及干燥寒冷的气候使得木头、布料、羊皮与植物纤维等古老手工制品不易腐坏变质，易于保存。这件亚麻画布作品是朱利奥·法里纳于 1930 年在基波林挖掘出土的，是同类文物中历史最为悠久的作品。朱利奥·法里纳是斯基亚帕雷利的助手，也是继任的埃及博物馆馆长。这块画布被发现于墓穴中，用于包裹一具姿势蜷曲的尸体。布面上的画面由黑色、红色和白色的彩色线条和图案组成，画有船桨、水波中的弄潮儿、追捕河马的场景和舞蹈，应当与墓葬逝者的葬礼有关。画面虽然简单，却极为写实，为我们展示了遥远年代的埃及人所使用的划船技术，因此十分宝贵。此外，这块画布还为我们展示了五千多年前当地成熟的纺织工艺，证明当时人们已掌握种植亚麻的技术。亚麻种植成了埃及长期以来最重要的经济支柱之一。

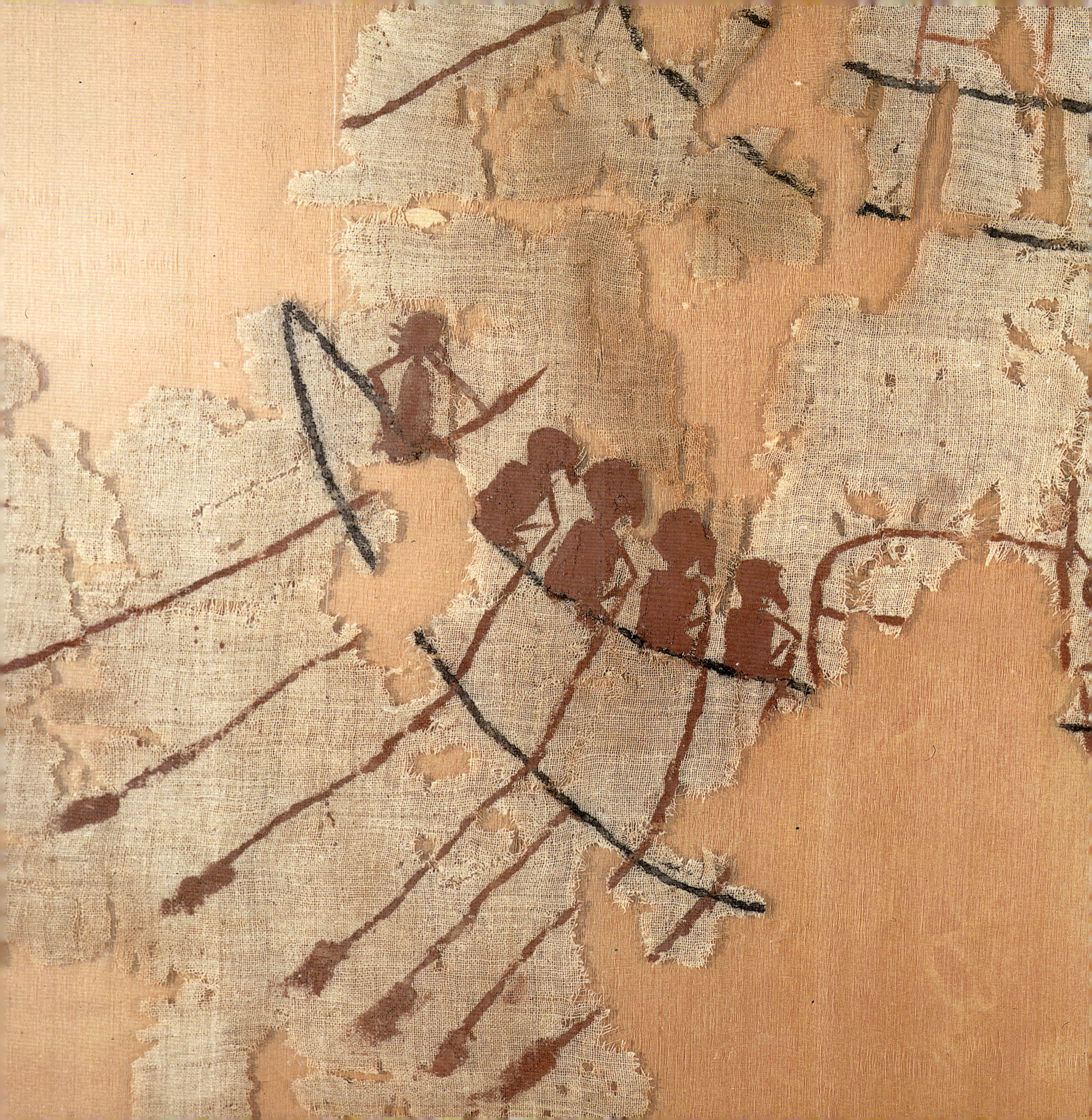

前王朝时期的墓葬

前王朝时期

编号 S.293
埃内斯托·斯基亚帕雷利所购

最早发现的古埃及墓葬要追溯到前王朝时期，当时人们常常将尸体简单包裹后埋葬于沙漠中。用于保存逝者面貌与身体特征的防腐技术尚未得到应用，但受到当地土壤环境与干燥气候的影响，尸体在自然状态逐渐变干，最终形成了木乃伊。都灵埃及博物馆重构了当时的场景，按照当时的习俗，在姿势蜷曲的尸体周边放置了简单的陪葬品。从史前开始，人们便习惯于为逝者陪葬食物及日常用品，以便他在死后的世界中使用。在埃及人的观念里，那是现实生活的延续。这位约五千年前的男性逝者身份我们无从确认，但跨越漫长的岁月，其简陋的陪葬品依然无声地告诉我们他在当时可能是一位农民或猎人。

逝者周边的陪葬品体现了他在死后的世界所需之物，包括一双拖鞋、一件植物纤维制作的容器、一个皮囊、几把箭和打猎用的飞镖。在发现这具木乃伊的时候，尸体上还覆盖了一条床单和一张席子。

上色黏土
高 12.3cm、15.4cm、19cm
编号 S.4689/413/383 乙
哈马米加出土，埃内斯托·斯基亚帕雷利所购

涅伽达二期的器皿
前王朝时期涅伽达二期，公元前 4000 年后半期

器皿的中心部分被船只图案所占据，位于两个空心的小耳柄中间。从船只上延伸下来的密集红线代表了船桨；船体上则画有一支弯曲的长桨和两个船舱；边上有一面旗帜，或许是神祇的标志。

现在所称的"埃及前王朝时期"，以当时几个繁荣的文明而闻名，这些文明的命名按照惯例都被冠以它们被考古人员发现时所在地的名称，比如涅伽达文明。涅伽达位于尼罗河西岸、卢克索以北约 30 公里处，该地的挖掘活动于 19 世纪末开始，出土了大量的文物，尤其是陶瓷制品、象牙梳、脂粉调色盘和石刀等。这些文物见证了这段繁荣于公元前 5 世纪至公元前 4 世纪、以高度发达的制作业为特点的涅伽达文明——正是它，这个早期集中于埃及南部的前王朝时期文明，奠定了未来法老文明的基础。涅伽达文明时期的器皿材质相同，根据制作时期可分为涅伽达一期和涅伽达二期。本页的器皿属于二期作品，原料为浅色黏土，上面绘有几何花纹（螺旋纹与弓纹）和红色船只。显然，这些船只与当时发达的内河航运业密切相关，并且与同样取材于当地尼罗河背景下的动植物一起，成为涅伽达二期器皿制作的典型主题，构成了这个早期古老文明的艺术特点。

河马牙雕

前王朝时期涅伽达二期，公元前 4000 年后半期

河马牙
高 24 cm
编号 S.1068
埃内斯托·斯基亚帕雷利所购

在这个博物馆最古老的文物中，这件小型河马牙雕值得一提。该文物的创作时期应当追溯到埃及历史上的前王朝时期（涅伽达二期），通常认为埃及要到公元前 3000 年左右才统一在同一个君主的统治下，因此可以认定这件作品创作时埃及尚未统一。由于数量众多的河马生活在三角洲沼泽地一带，因此河马牙手工艺术品在古埃及十分常见，尤其在卫浴用品、乐器和家具镶嵌等领域中被大量使用。不过这件作品的用途尚不明确，鉴于此类作品通常成对出现，因此推测这很有可能是一件在葬礼中与巫术仪式有关的物品。河马牙尖端为空心，雕刻着一个长有胡须的男人面孔，他头戴一顶低矮的帽子（也有可能为一顶王冠），帽子上方有一个穿孔的顶盖。这个圆孔的存在让人不可避免地联想到这件物品是用来悬挂的。河马牙的其余部分虽然未被雕琢，但从其形态上看，容易使人联想到这是一个披着斗篷的身躯。这件小型雕刻作品将现实主义的表达方式与袖珍的形态完美结合起来，展示了作者高超的技艺。

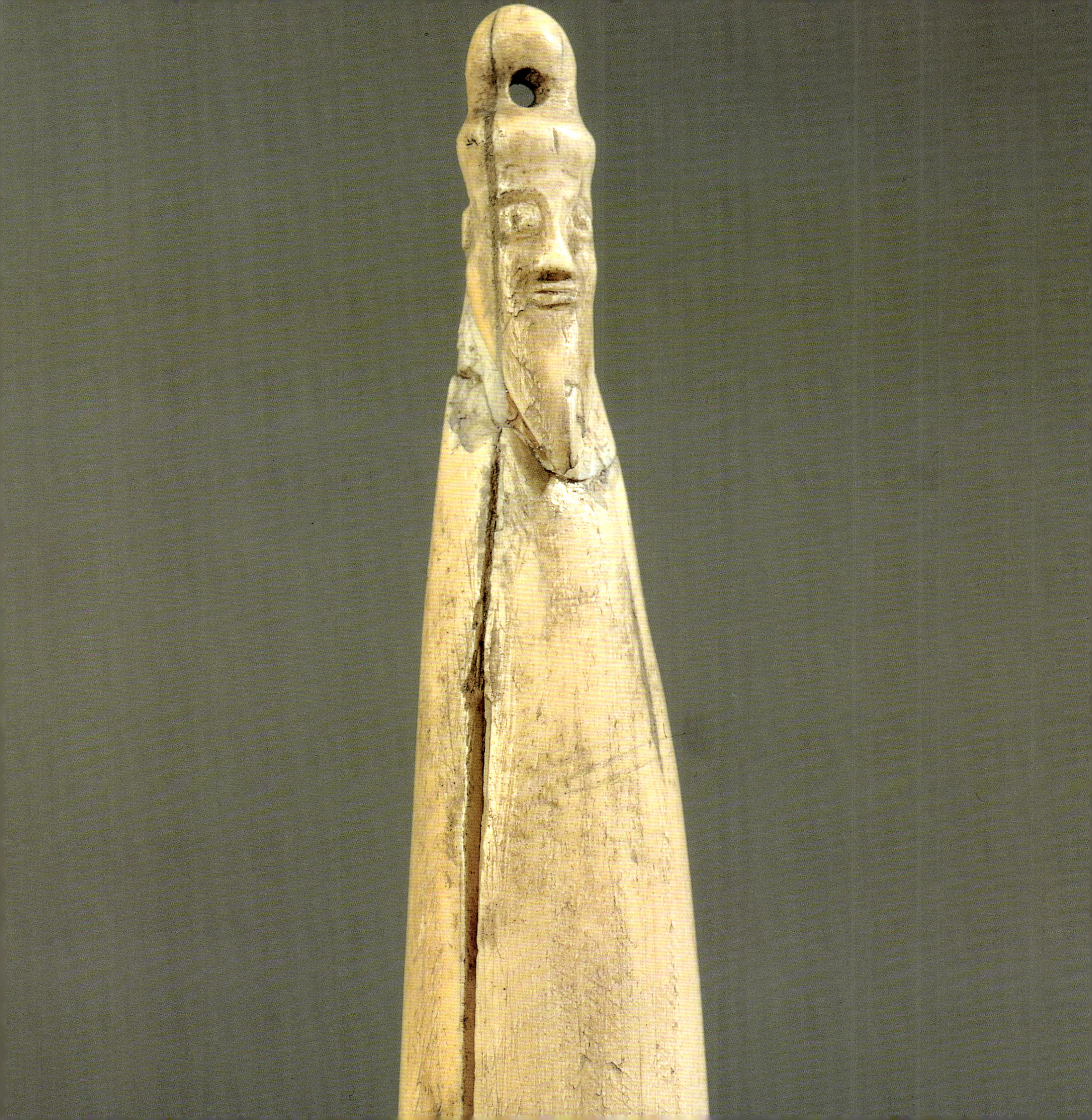

鱼形研磨板

前王朝时期

石板
高 4.8cm，长 14.4cm
编号 S.613
埃内斯托·斯基亚帕雷利所购

这块石板为鱼形轮廓，只使用了若干必要的线条来展现鱼的形状。值得注意的是背鳍和尾鳍部分，是通过在石板上进行细微的雕凿而做成的。

在涅伽达（一期与二期）的文化中，出现了用于研磨原始矿物颜料（孔雀石与方铅）的石制研磨板。这些颜料经研磨后，可用来制成脂粉、眼影。这些研磨板通常为细薄的深色石板，形状为线条简单的尼罗河典型动物，比如鱼类、鸟类和乌龟。其用途则可从该类石板上带有的颜料痕迹中判断出来。无论男女，都将这些研磨出来的颜料涂在眼睛周围，用来保护眼睛免受强烈太阳光线的照射及免受蚊虫的叮咬。这些石板进入人们的日常生活后，也成了墓葬主人的陪葬品之一，被完整地保存在陵墓里，直到几千年后被人们重新发现。然而，从前王朝时期的晚期开始，这类石板，尤其是那些最精美的出土文物，极有可能已经失去了它们最初的用途，成为庙宇中信徒们用来许愿的贡品了。不管最初用途是什么，这些古老的作品都以它们简单的线条展示了那个时代艺术家们高超的创作能力，日常用品在他们的手中变成了一件件抽象的艺术作品。

碧玄岩
高 83 cm
编号 C.3065
贝尔纳迪诺·德罗韦蒂收藏

雷蒂特雕像
第三王朝

公主线条分明的圆脸被一顶厚重的中分发饰所围住，头部的重量仿佛全部压在其短小的脖颈上，这使得这位女性人物有一种不够庄重的感觉。

这件雕像极有可能出土于埃及最古老的首都孟菲斯，雕刻的是第三王朝的一位公主，属于古埃及石雕史上屈指可数的杰作之一，几乎找不到其他可与之类比的作品。雷蒂特公主端坐在一把矮背的小椅子上，一只手平放在大腿上，另一只手托在丰满的胸部下方，她身着长至脚踝的紧身裙，身材尽显，而她的名字与称号被写成象形文字，雕刻在底座上。她宽大的脸庞被一顶厚实的发套围住，厚重的质感、几何的形状以及简化的线条突出了人物的理性与纯洁，这种表现形式使雕像全身上下看起来只有这一点违背了现实主义的创作手法，但这也正是埃及作品典型的外形特征。雷蒂特雕像正好与埃及史上首座完整的大型石雕——位于萨卡拉的卓瑟金字塔——建造于同一时期，在该雕像上的一些表现方法，比如手臂的姿势、三分式的发套和披长袍的身体等，将在未来一千多年里成为王室雕像与私人雕像的样板，因此可以说这是早期的标准雕像之一。

杜安拉石棺

第四王朝

粉色花岗岩
石棺尺寸：186 cm × 86 cm
加盖高度：117 cm
编号 S.1838–1839
埃内斯托·斯基亚帕雷利发掘于吉萨

在石棺的一个侧边上可看到一个磨平的斜面，应当是为了方便在陵墓里进行牵引。考虑到这个石棺的重量，毫无疑问当时需要动用大量的人力才能用绳子将其拉动。

1903年，斯基亚帕雷利在吉萨挖掘古墓的过程中，还挖掘出了一些"马斯塔巴"陵墓。这个名字来源于阿拉伯语"长板凳"，用来形容那些放在家门前的石凳，其形状与古埃及的陵墓相似。马斯塔巴外部是石制的长方形建筑，四周墙壁向内倾斜，内部有用来祭祀的空间和通到地下墓葬室的通道入口。与吉萨三座大型金字塔同时出土的遗址中有不少该类陵墓，是用来埋葬第四与第五王朝的国家高级官员与皇室成员的。在这些陵墓中，斯基亚帕雷利发现的这个结实的花岗岩石棺是属于法老哈夫拉的儿子杜安拉的，哈夫拉正是附近出土的三座金字塔之一的主人。这个四壁十分厚实的石棺引发了不少疑问，因为棺体的开口很小，根本容不下一具平躺的成年人尸体。因此推测杜安拉是以蜷缩的姿势被埋葬的。棺盖同样十分厚实，在其较短的一侧上至今仍然保留着凸出部分，应当是为了方便搬运。

嵌有象牙与彩陶的木制品
37.5 cm × 23 cm × 19 cm
编号 S.15709
埃内斯托·斯基亚帕雷利发掘于基波林

镶嵌木匣
古王国时期

匣盖上莲花图案与垂直的小木条交替出现，用于镶嵌的两种彩陶深浅交错，构成了具有平衡感的优美装饰图样。

如今我们对古埃及人家居用品的了解可以说是建立在对墓葬用品的了解之上的，因为在陵墓中一般会放入墓葬者生前用过的一些日常用品，这些物品上常常带有磨损的痕迹，证实它们曾经被长期使用过。而另外一种有效的了解来源是陵墓里的画，因为在画中常常会出现许多家具的元素，例如椅子、凳子、桌子、匣子、靠枕、床等，这些物品组合在一起可以清楚地告诉我们当时的古埃及人是如何布置自己的住所的。这件精致的木匣子属于常见日用品，通常用来收纳布料，但是一件年代如此久远的作品，做工却如此精细，十分罕见。木匣子由四条桌腿支撑，桌腿间用细木条连接。匣子两侧用典型的几何图案装饰，带槽的小象牙板上嵌有亮蓝与深蓝的彩陶。不过，这件手工制品最杰出的地方要数它的上盖了，象牙底上有用彩陶组成的抽象的植物图案。较长的两侧打有小孔，方便使用细绳将匣子盖上。匣子内部用红色粉刷，出土时装有亚麻布料。

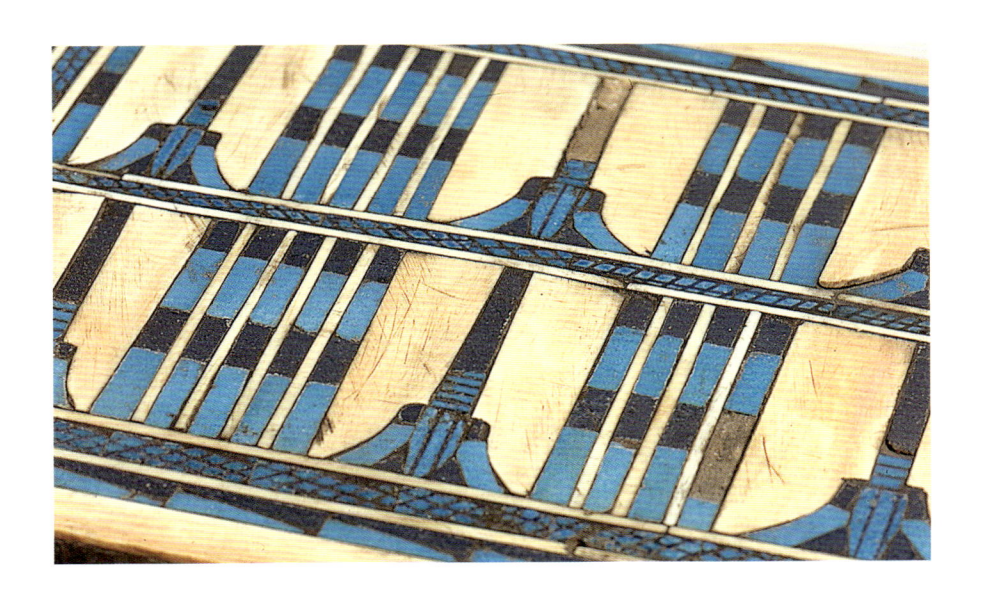

木制小模型

第一中间期

上色木头
长 46cm
编号 S.8652
埃内斯托·斯基亚帕雷利发掘于艾斯尤特

艾斯尤特是上埃及时期第八诺姆（即"省"）的古老首府，该地出土了大量文物，主要年代为第一中间期。这个时期中央权力被削弱，各地方政权权力膨胀，与中央分庭抗礼。斯基亚帕雷利于1905至1913年间在该地进行挖掘工作，出土的文物填补了都灵埃及博物馆在该段历史时期的收藏空白，极大地丰富了都灵埃及博物馆的馆藏。从艾斯尤特的陵墓中出土了包括石棺、木制雕像、劳动工具、船只模型与工人模型在内的墓葬品，展现了当地的宗教信仰。本页中的模型以现实主义的表现手法重现了面包与啤酒的制作过程，这两种产品均由最常见的原材料大麦粉和小麦制成，是每个埃及人日常饮食中最基本的食材。这一类木制小模型通常将各行业劳动人民的劳动情景定格，造型朴实却暗含深意。而这个模型中出现的女搬运工、农民和厨师等，必须为富裕阶层的人提供所有的基础服务。在陵墓中放置这些小模型的用意在于让逝者在死后的世界中依然能享受这些生前的服务。

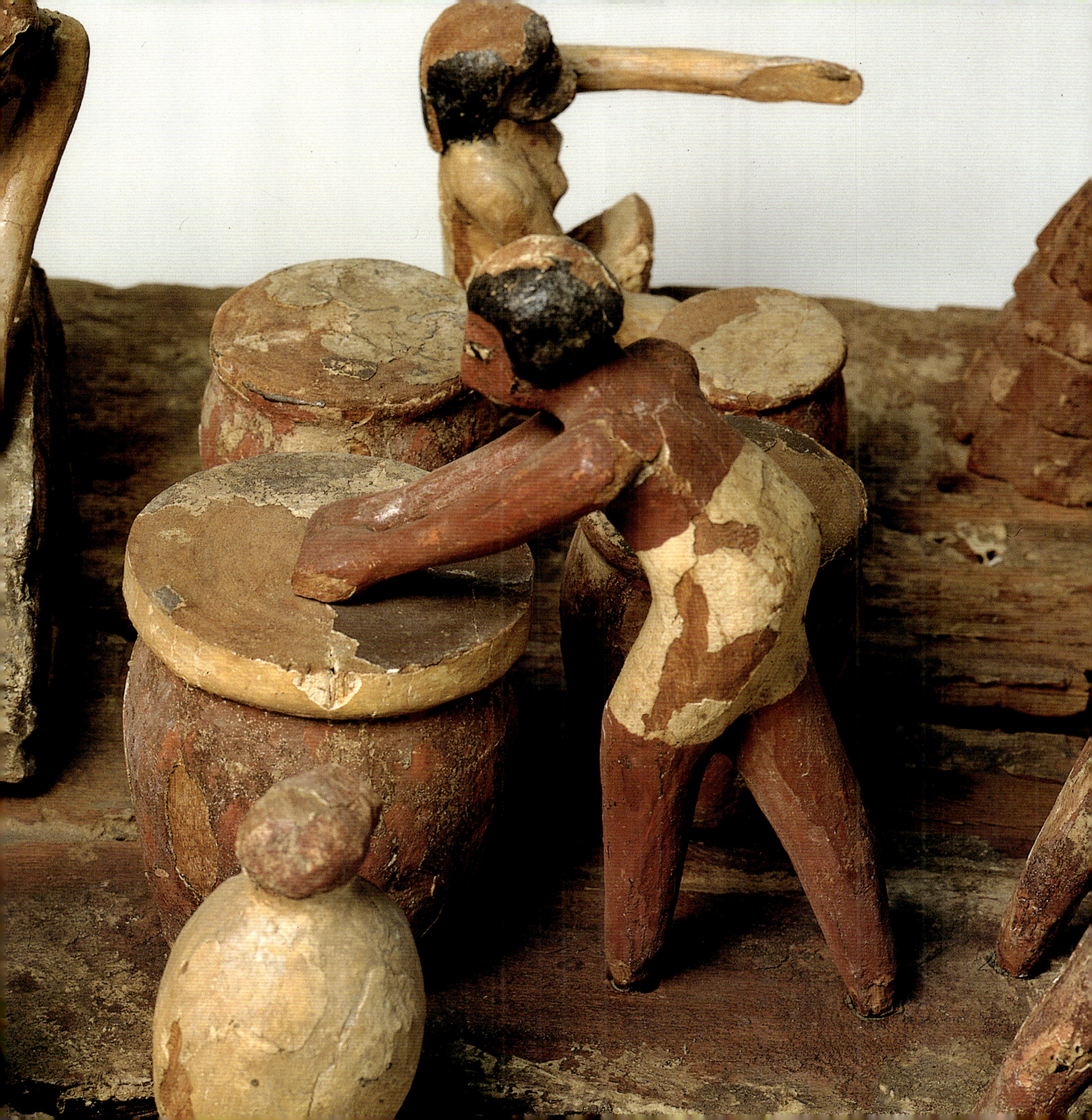

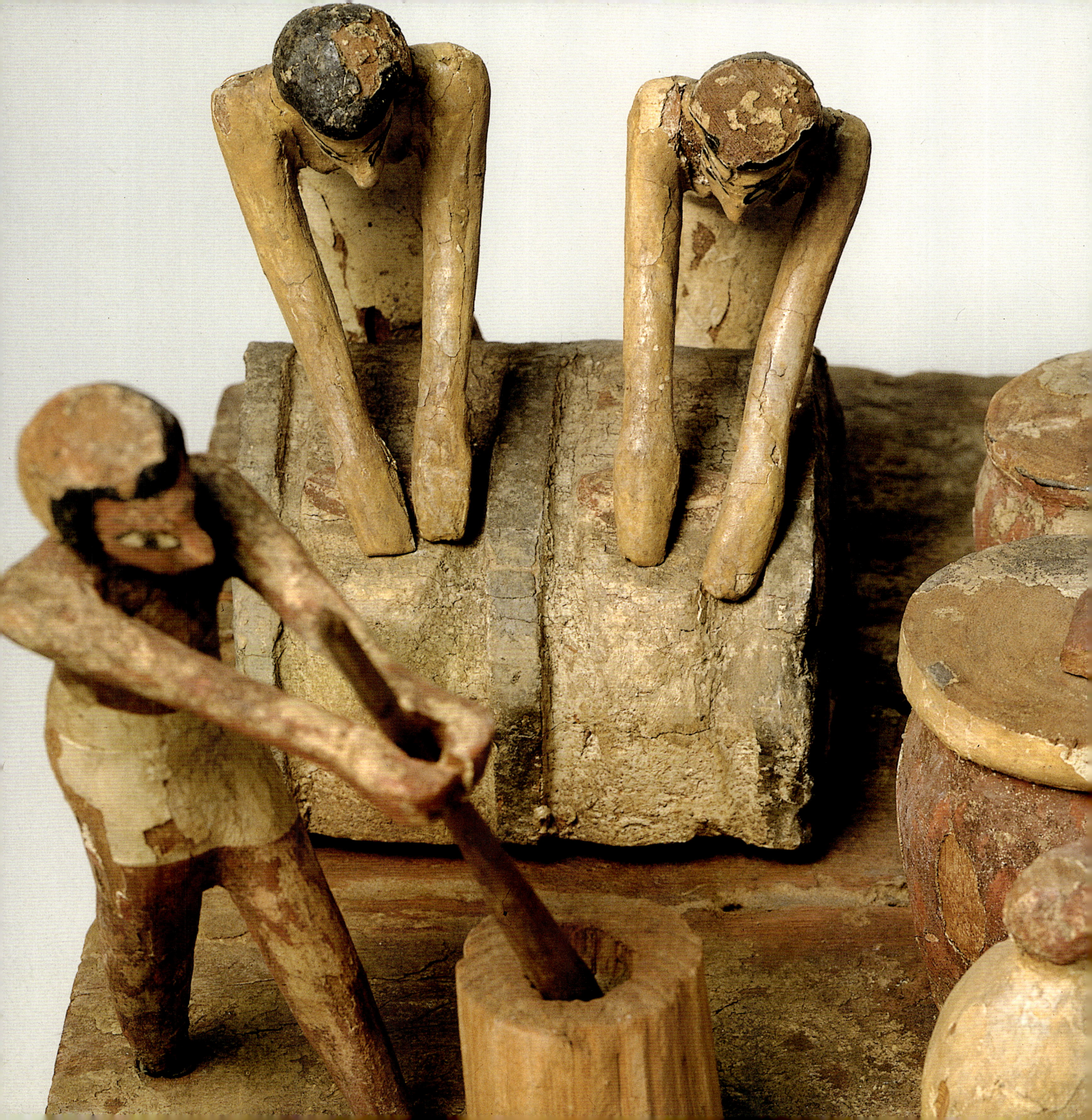

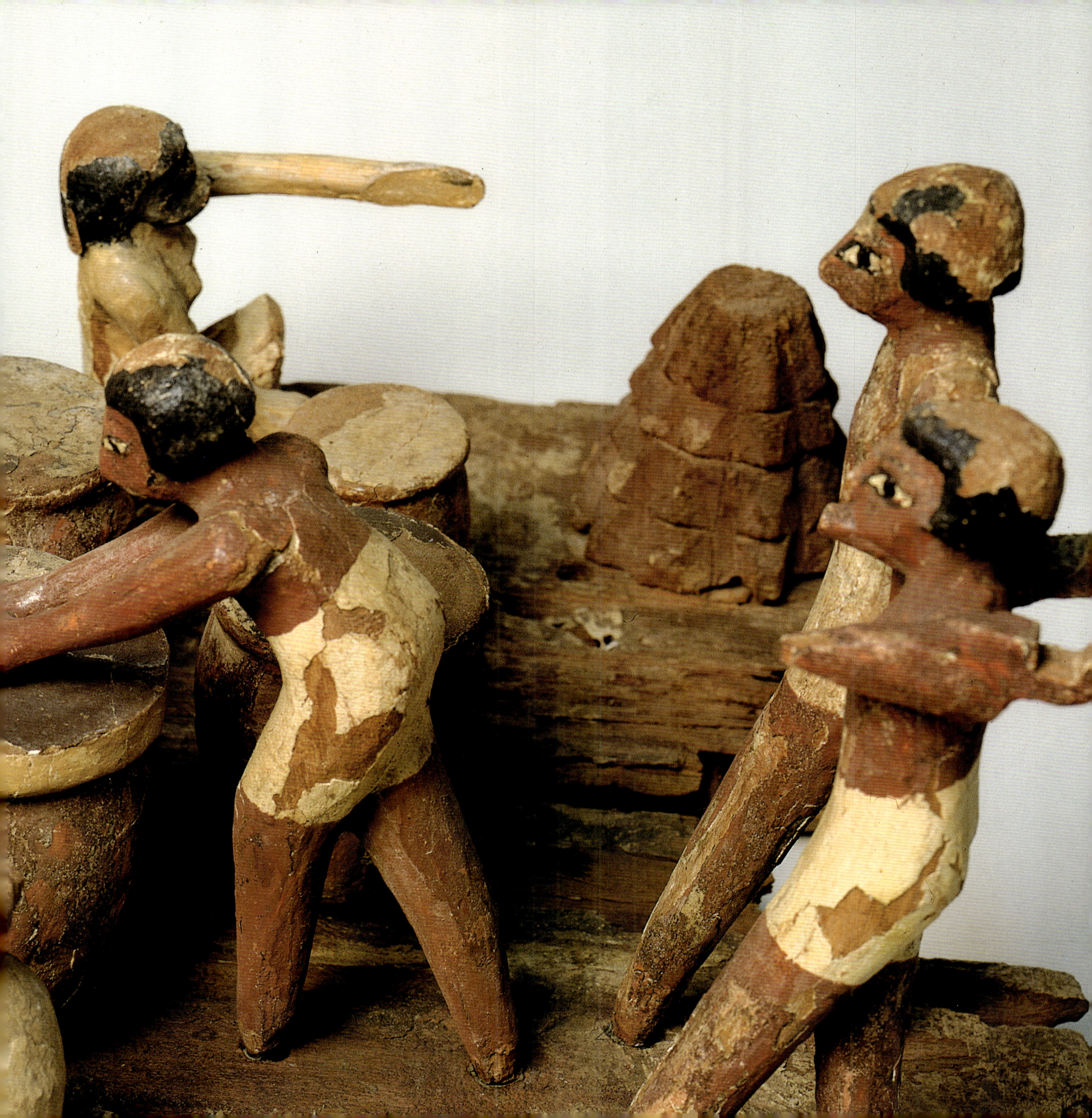

施蒙斯木雕

第一中间期

经粉刷、上色的木头
高 123 cm
编号 S.8653
埃内斯托·斯基亚帕雷利发掘于艾斯尤特

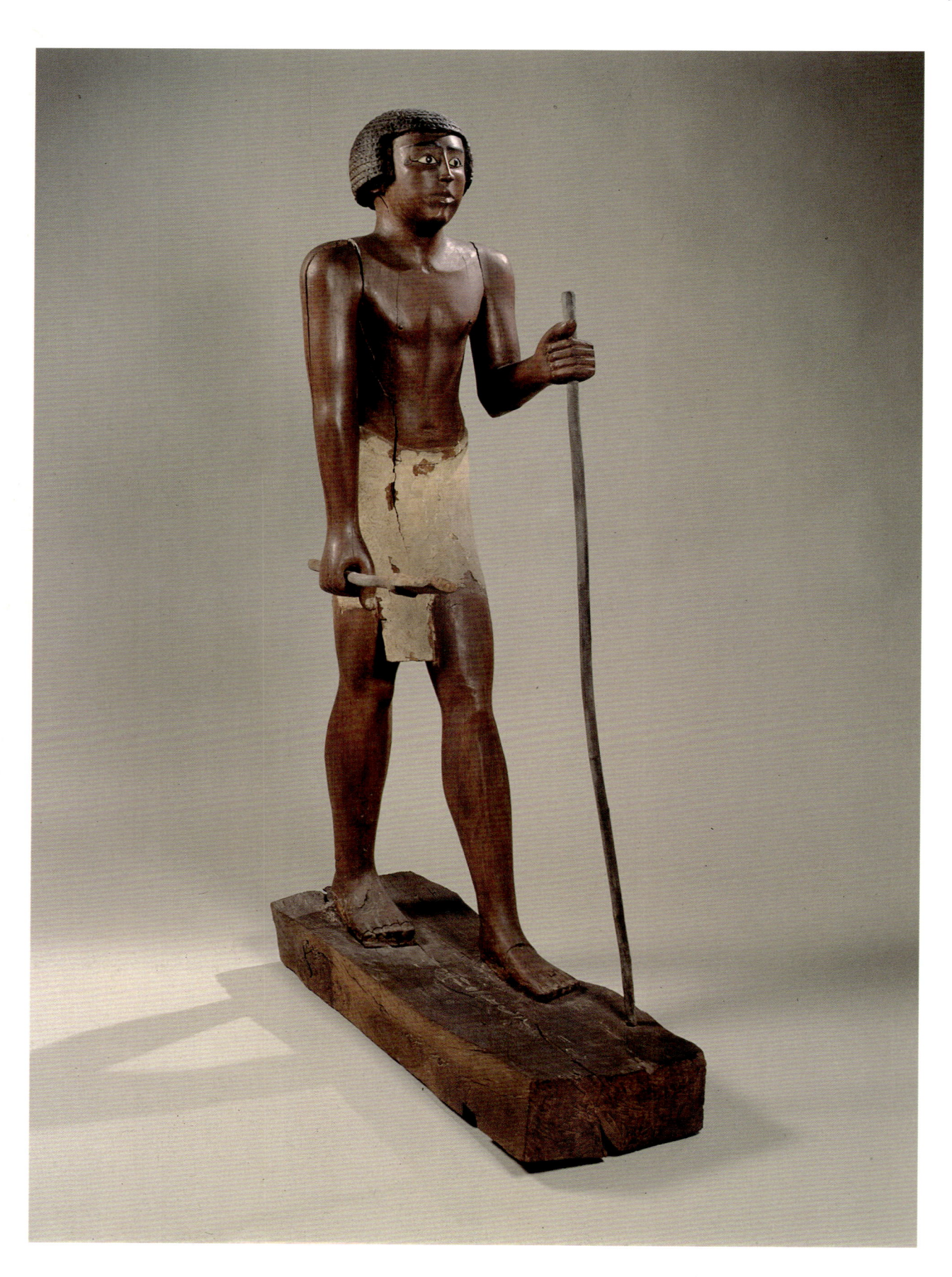

公元前3000年底至前2000年初，埃及经历了自统一以来的第一次政治危机。各诺姆（省）的行政长官地位不断提高，自治权力逐渐越过了中央权力，一些地方甚至独立称王，王国四分五裂。这些地方政权由当地长官控制，有时他们会留下一些记载自己功绩的物品。如今通过这些墓葬品，我们可以欣赏到一种截然不同于官方样式的、更具活力的、现实性与原创性的当地艺术品，本页的施蒙斯木雕正是属于这类艺术品。它出土于艾斯尤特。这位逝者的名字被刻在了底座上，其神态庄重，正手握象征权力的权杖与木棒。木雕光滑平整，其颜色经过精心打磨充分表明出人物的肤色。人物头戴一顶卷曲短发套，身着浅色短裙，眼睛以玻璃熔浆镶嵌，构成了强烈的也是唯一的深浅对比。雕像由多个结构嵌入组成，人物挺拔的躯干、炯炯有神的眼睛等部分体现了当时的艺术家高超的技巧。

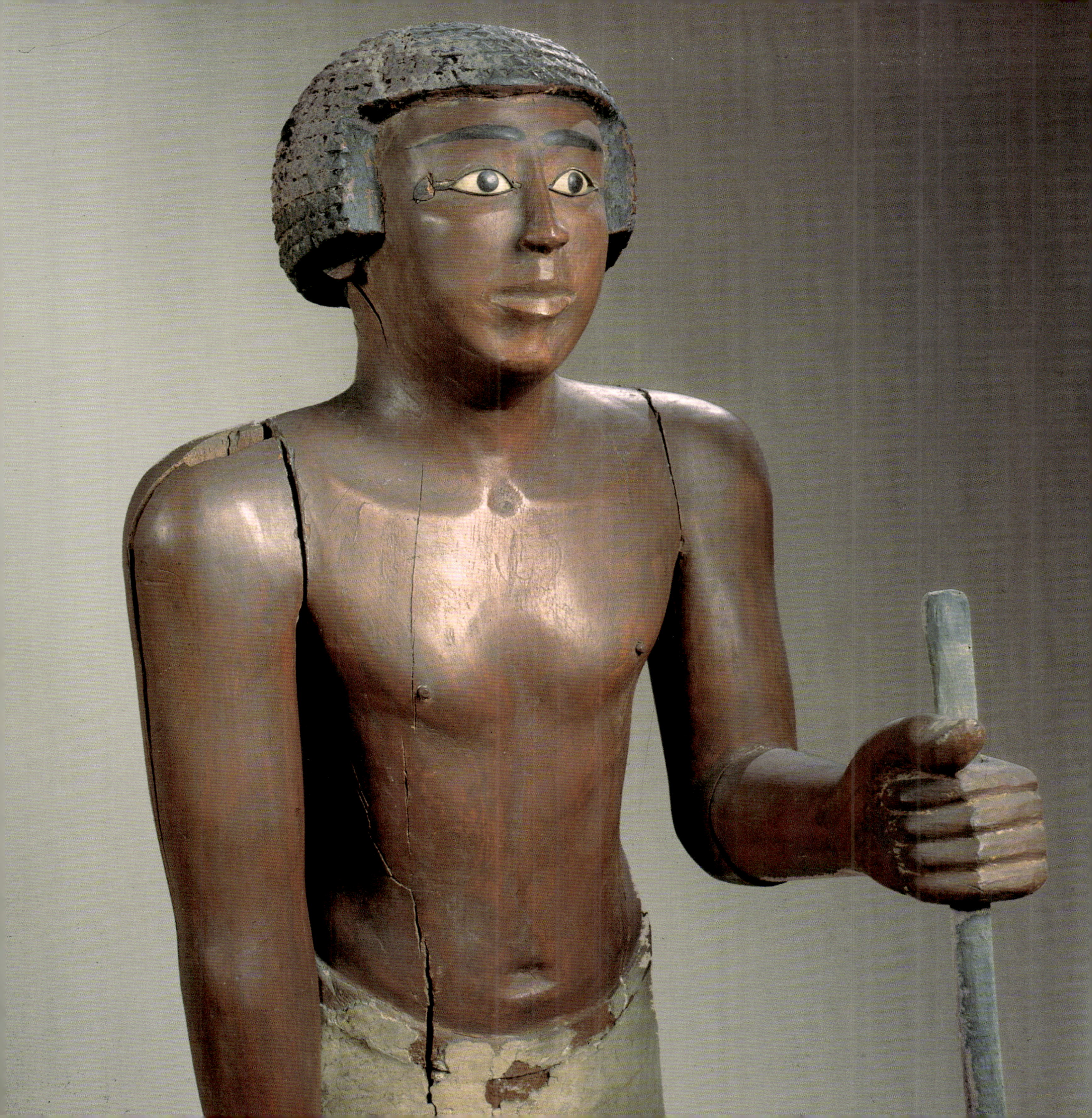

伊提墓中的壁画

第一中间期

在由斯基亚帕雷利带来的主要馆藏作品中，来自身为"国王秘书与军队首领"的伊提墓中的壁画值得一提。他的墓位于基波林。这些壁画从原来的地方迁出，被放置在博物馆的一个大厅中，这组壁画因年代久远而成为最知名的壁画群之一。它们曾经装饰在陵墓的祭台、走廊以及陵墓前面拱廊中硬砖做成的柱子上。图画画在用稻草和泥浆制成的混合材料上，描绘了日常生活中的各个场景，展示了乡间人民的淳朴与勤劳。场景中除了表现家人哀悼伊提的葬礼场面外，还有与乡村生活、军事、农业、宗教等相关的活动，有助于我们了解当时的风俗习惯。具体来讲，这

画有胶画的石膏灰泥层，底面为麦秆与泥浆
编号 S.14354
埃内斯托·斯基亚帕雷利于基波林挖掘出土

些画真实地重现了葬礼上的舞蹈、驴驮粮筐运输麦子、饲养羚羊、建造木棺、猎捕河马的仪式、母牛刚诞下小牛犊、停泊在河边的战船、公牛被割喉宰杀涌出鲜血昏死在地等场面。所有的这些场面，都以伊提葬礼为背景，目的在于为逝者营造一个死后世界的生活情景，展现宁静而忙碌的世间生活。

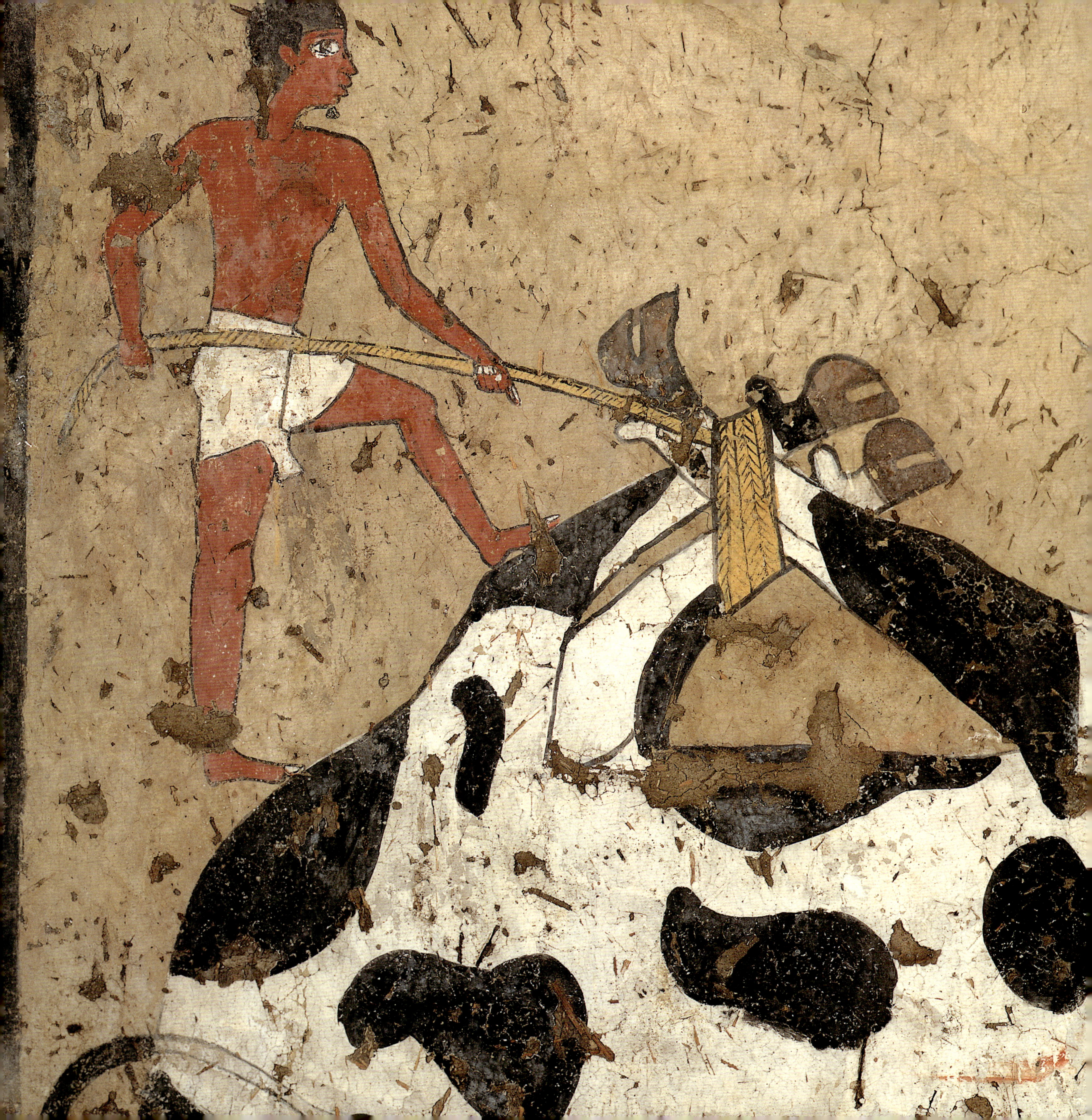

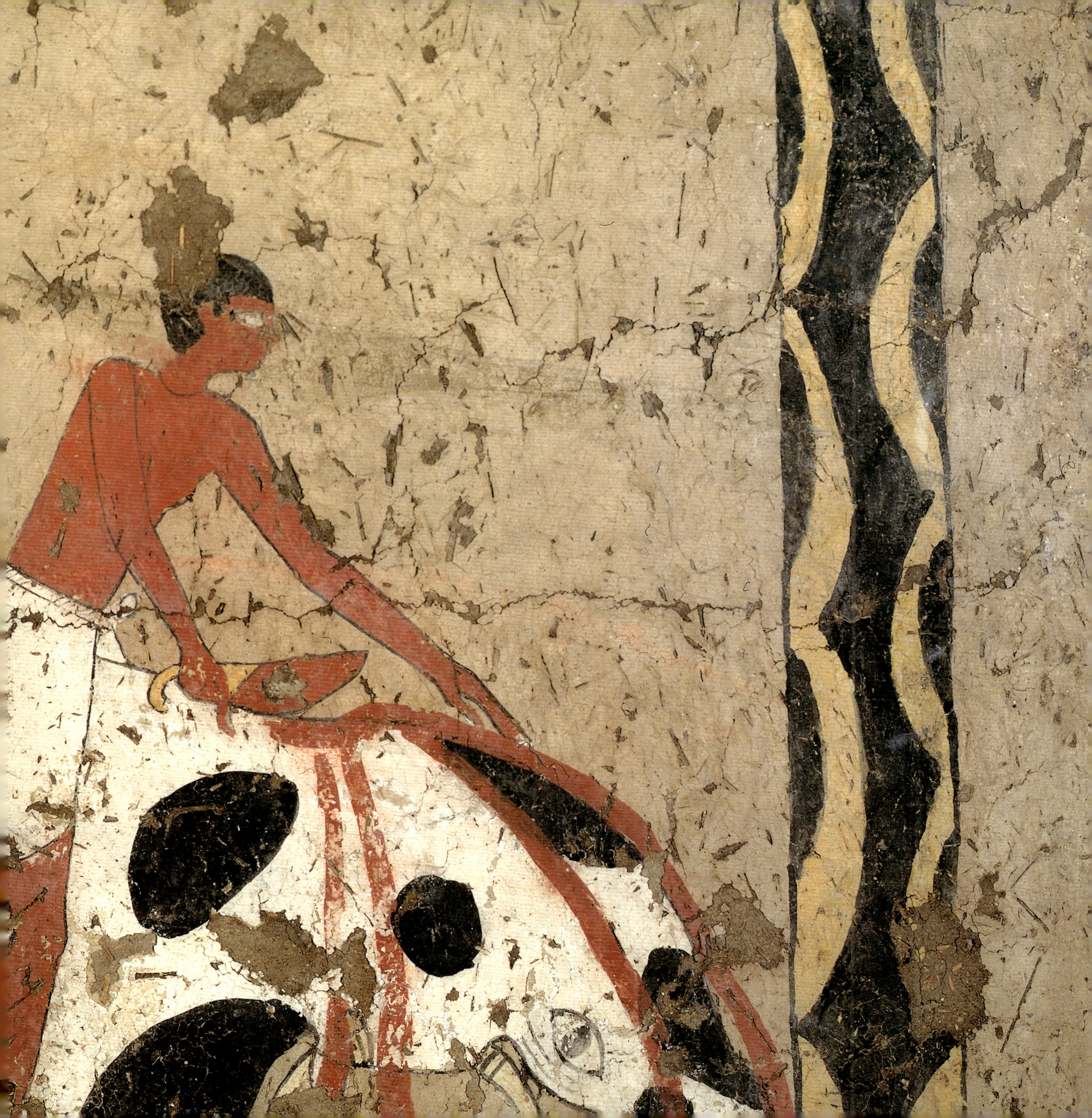

房屋模型

第一中间期

陶土
高 28 cm
编号 S.16030
埃内斯托·斯基亚帕雷利发掘于基波林

在房屋的庭院里有两张长板凳，倚靠在入口旁边的墙壁上。这表明了古埃及人习惯在室外进行包括家庭活动在内的众多活动。

我们对古埃及庙宇建筑与墓葬建筑已经颇为熟知，但对于房屋建筑却几乎一无所知。原因在于庙宇或陵墓通常是用石头建成的，或者通过挖掘山洞将其建在山中，因此可以在几千年的时间长河中比较完整地保存下来。相反，房屋通常是用较容易腐坏的材料建成的（比如用泥土和稻草混合在一起做成硬砖，利用阳光进行干燥），随时间流逝，用这些材料建造的房屋极易毁坏。因此法老们居住的宫殿如今只剩下少量带有壁画的废墟，不过这也足以向我们展示当年建筑物的精美与辉煌。而有关普通工人与工匠住宅的情形，主要是从个别村庄的考古发现中得见，例如在德尔麦迪那，那里的房屋是用石头搭在一个基座上而建成，至少保存了墙壁的下半部分，使我们得以重现当时的平面图。鉴于这样的情况不太多见，那些在古王国时期到第二中间期之间建造的陵墓中的陶制"灵魂之屋"模型也就显得极为重要了。这些模型是乡村房屋的缩小版，屋前用庭院围住，显得较为宽敞，还原了古埃及私人住宅建筑的模样。

石灰石
106 cm × 98.5 cm × 264.5 cm
编号 S.4264
埃内斯托·斯基亚帕雷利发掘于卡奥艾尔基比尔

伊布石棺

第十二王朝

在石棺表面上雕刻的楼房门边，有一条由各种具有象征意义的象形文字图形组成的装饰带：两根相对的瓦斯权杖、一枚安卡之符与一根德秋支柱，分别代表了权力、生命与稳定。

在位于上埃及第十诺姆（省）的卡奥艾尔基比尔墓地中，斯基亚帕雷利挖掘出了属于三位第十二王朝末期的省（"诺姆"）长的陵墓，他们是由中央政府派到地方的管理人员。这些大型的陵墓一部分位于山体中，另一部分建造在布满岩石的山坡上，在出土之时已经遭到了严重的破坏。在这些陵墓中挖掘出了一具属于伊布的宏伟石棺，几乎完好无损。上面的装饰精致典雅，采用了一种"仿真楼面"的装饰方法，模仿古埃及楼房的门面，用彩色草编制品做成柱子、横梁、门等。石棺表面有一部分刻有象形文字，写的是葬礼上传统的套话与祷语。在逝者头部对应的位置画有所谓的"无界之眼"，传说这种巫术符号能使伊布每天看到外面的太阳升起。从现存可见的部分表面图案来看，石棺外部原来所使用的色彩应当是十分大胆、活泼的。

阿布考石碑

第十二王朝

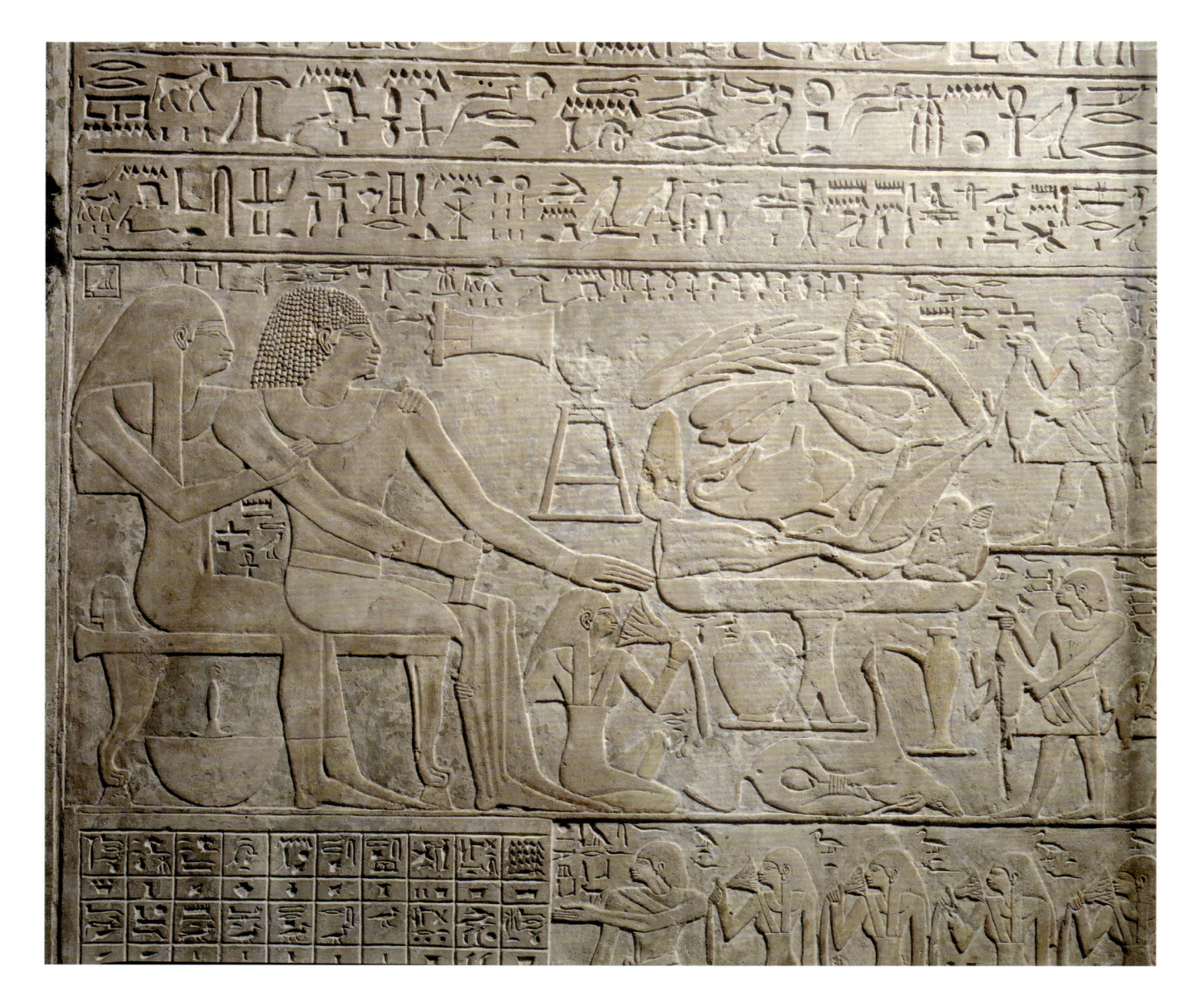

石灰石
136.5cm × 77.5cm
编号 C.1534
贝尔纳迪诺·德罗韦蒂收藏

  这块宏伟的石碑属于一位名为阿布考的人，是从上埃及的城市阿拜杜斯挖掘出土的，这个城市同时还是欧西里斯神祇崇拜的重要地方。而这块石碑只是无数类似纪念碑中的一块，尽管这些纪念碑质量有所不同——随着时间的推移，制作工艺越来越精良。制作这些石碑的信徒们普遍参与该地举办的宗教仪式，希望通过这种方式使自己与神祇更加接近。石碑上半部分雕刻的内容为传统的"献祭语"，这样能使每位逝者得到食物、饮品、衣服、香油等死后世界里必不可少的供应品。此外石碑上还镌刻了一首献给欧西里斯的赞诗，称其为"伟大之神、众神之神"，并将他奉为所有逝者的保护神。不过石碑上雕刻的肖像却不是欧西里斯，而是阿布考与他的妻子，他们坐在一张祭桌前，此外还有他们的家人和排成多列的佣人，他们正在向这对夫妇献上祭祀用品以表达敬意。石碑左下方有一张表格，上面详细刻出为阿布考夫妇献祭的物品及其数量。这块石碑通常会出现在古埃及典型的宗教场所中，借此为逝者带来一个宁静的永生世界。

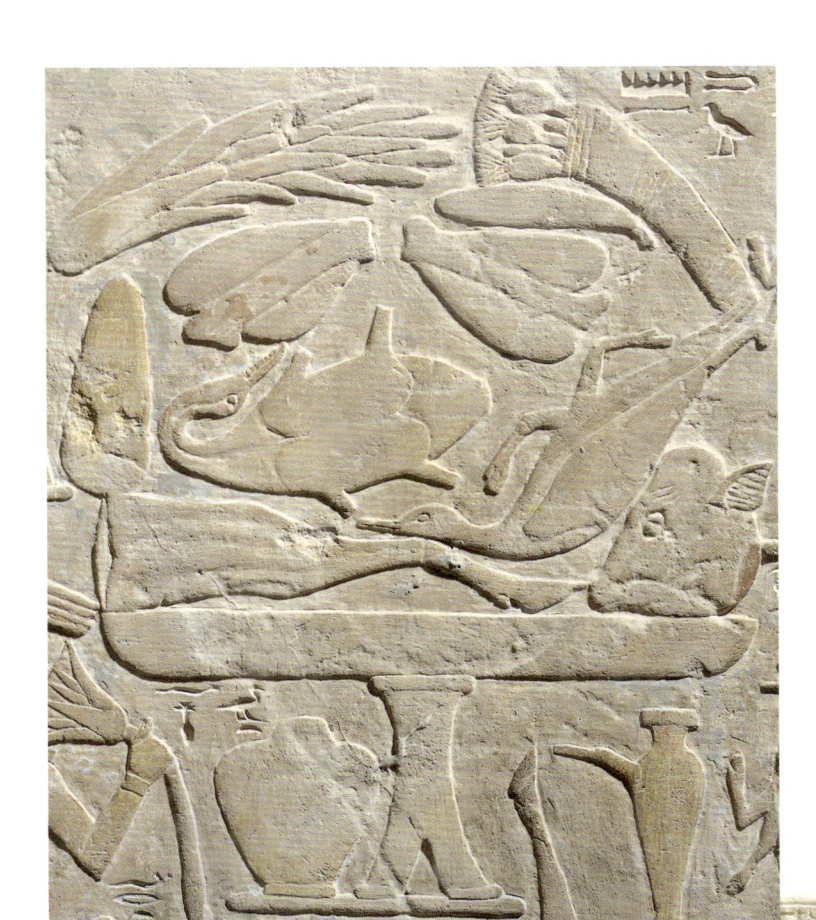

桌子是整个石碑画面的中心，上面摆满了祭品。其重要性在于堆满的丰盛食物，可让逝者永恒地生存在另一个世界。而这些食物——面包、牛肉片、烤鸭和蔬菜——正是古埃及饮食中不可或缺的食物，它们被放置于阿布考面前的桌上，成为他永存的象征。

阿布考的妻子坐在他的后方，手挽着丈夫的臂膀，这是恩爱夫妻的典型姿势。她所坐的椅子椅脚装饰成狮脚状，椅下摆放着一个镜面容器，代表了女性便器。镜面通常是用发亮的金属做成，带有手柄，装饰成类似纸莎草秆的形状。

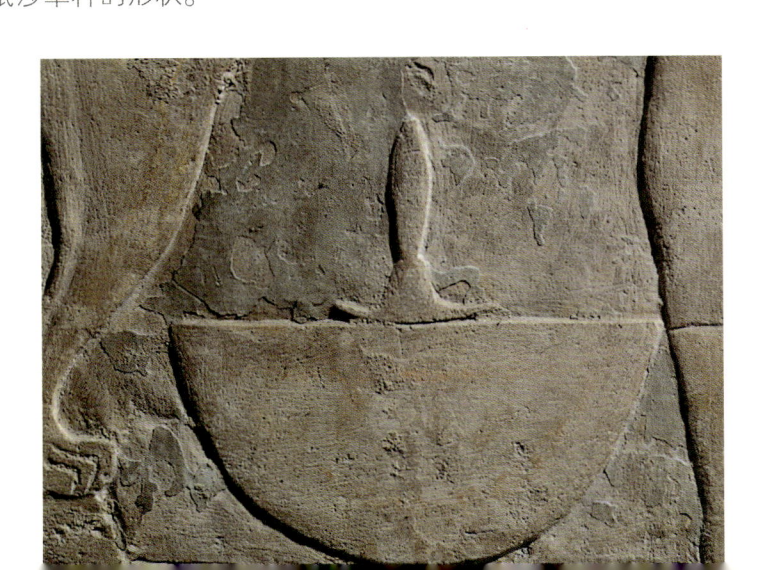

在参加阿布考葬礼的家庭成员中，他们的一个女儿被重点雕刻，她也许是夫妻俩最疼爱的女儿。小女孩身形比父母小，跪坐在父亲的脚边，一手环着父亲的腿，另一手持一朵莲花，将脸凑近闻着花香。

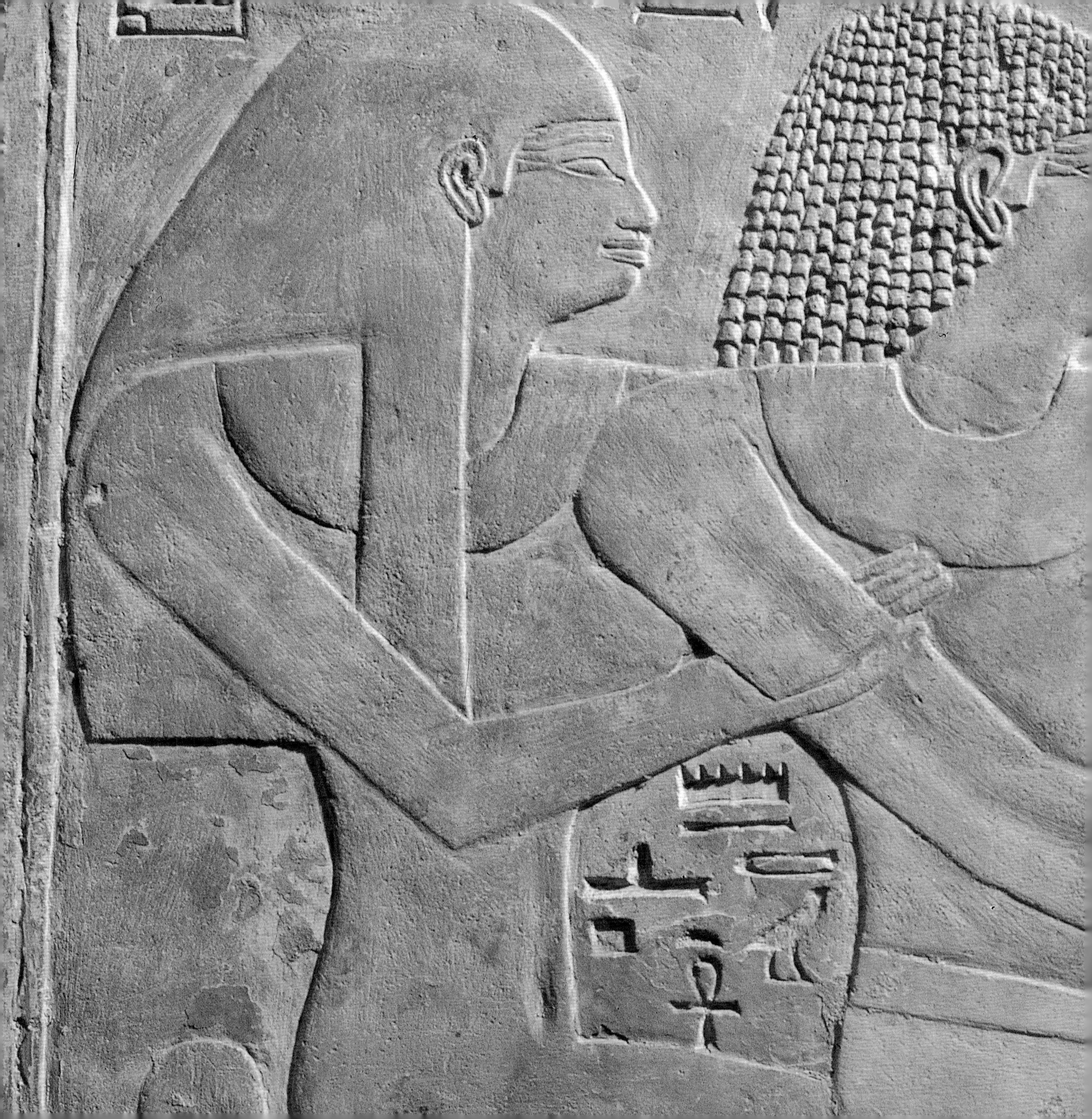

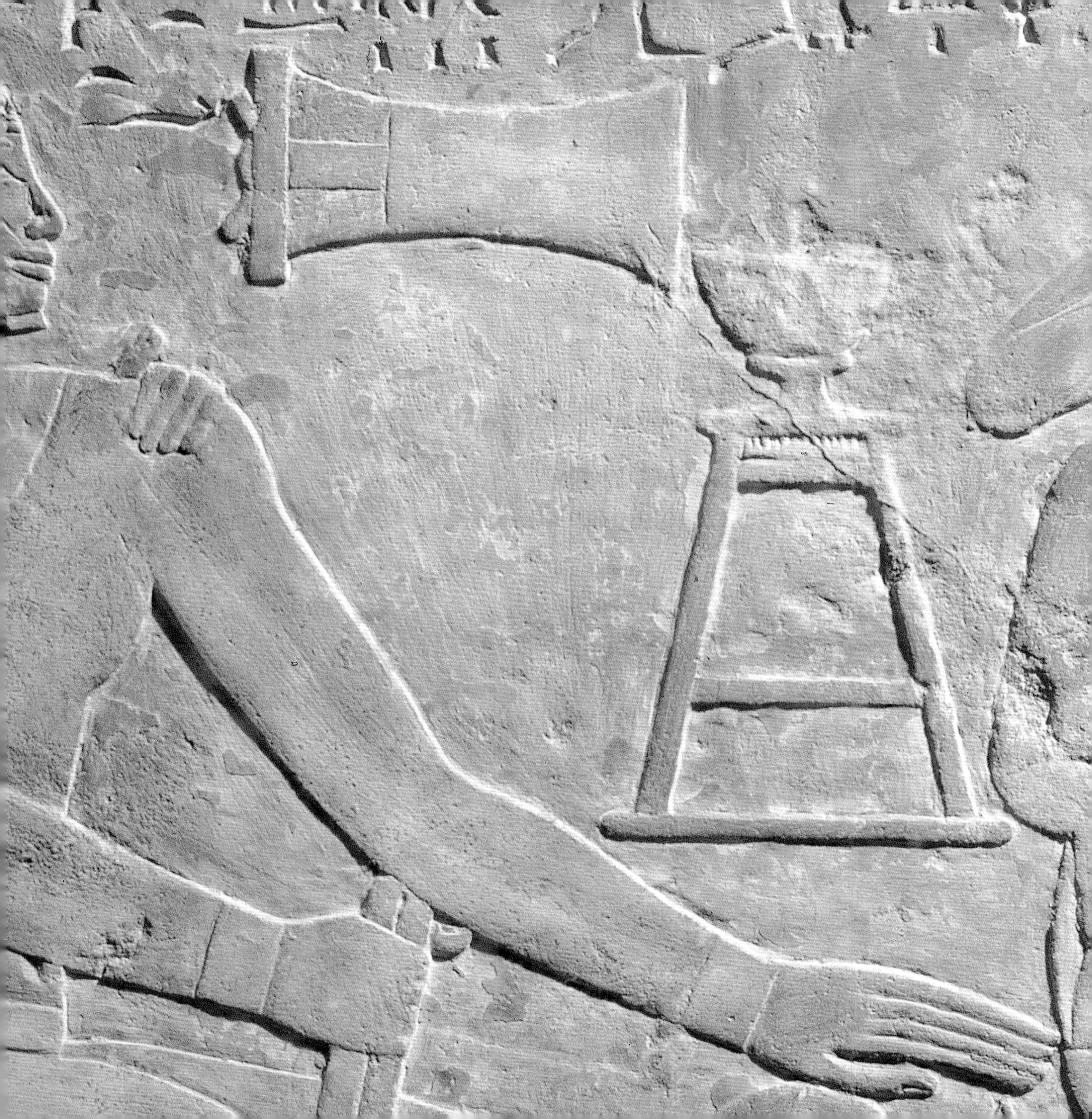

夫妻小雕像

第十二王朝

闪长岩
高 29.5cm
编号 S.1219
埃内斯托·斯基亚帕雷利所购

这种夫妻的雕像是古埃及艺术中最感人、最能引起人共鸣的题材之一。从古王国开始，几百年间这些雕像的大小、材质各不相同，构图上却几乎没有发生变化。这件小小的雕像尽管形态上严肃刻板，但传递出了两个人物内心的情感。丈夫是一位光头的祭师，正庄重地迈步，他的手牵着妻子，仿佛在牵引她跟随自己。他身着一条不规则四边形的短裙，比起他妻子身着柔软褶皱的贴身衣裙，显得简单随意许多。两个人的面孔毫无表情，没有流露出一丝情感，但两只牵着的手却让人感受到了他们之间的爱意。原先在雕像的脚边还雕刻有比例较小的孩子们，反映了家庭以及夫妻生活在埃及社会的重要性。在这类比例或大或小的艺术作品中，无论表现对象是平民、君王还是神祇，雕塑者总会在夫妻身上刻画充满爱意的动作，比如十指相扣的双手，或是相互搂抱的手臂。

夫妻相牵的双手是整个构图的中心。妻子安心地跟随她的丈夫，而丈夫则用大拇指与手掌握着妻子轻柔且舒展的手。

彩色石灰石
高 65 cm
编号 S.1372
贝尔纳迪诺·德罗韦蒂收藏

阿蒙霍特普一世雕像

第十八王朝

这座雕像的确切制作日期并没有完全确定，一部分人认为这是一件第十八王朝以后的作品，雕刻的是埃及新王国时期的第二任国王阿蒙霍特普一世。这位法老在底比斯的陵墓尚未被发现，至今仍处于研究探索的阶段。他与他的母亲雅赫摩斯·纳菲尔塔莉被认为是德尔麦迪那村庄的主人，死后受到当地村民至高无上的崇敬，而这些村民正是国王谷与王后谷皇家陵墓的建造者。这座雕像是雕刻文化中最庄严、最精美的作品之一，村民在举行宗教祭拜仪式的过程中举着它游行。尽管这尊雕像是当地工匠制作的，却具有当时大型王室雕像的所有特点。依照传统雕像的要求，法老端坐在宝座上，双手张开放在短裙上。雕像的王室特征包括头巾、额头上的圣蛇标志（现在只剩下尾巴）和柱形须套，这些标志均被涂上了色彩，在白色人像的背景下显得十分突出。同样的，人像苍白的脸上画有一双大大的黑眼睛与一张浑厚的双唇，显得轮廓分明。法老名字的象形文字与王衔纸卷纹被刻在宝座的两侧及底座上。被认为可以用来帮助法老抵御敌人的眼镜蛇圣蛇额饰，现只剩下一条蜿蜒的尾巴。从法老额头上的孔可以看出，眼镜蛇头是被单独制作之后（也许是用金属制成的），再插入雕像的额头中的。

图特摩斯三世雕像

第十八王朝，图特摩斯三世王国

闪长岩
高 192 cm
编号 C.1376
贝尔纳迪诺·德罗韦蒂收藏

图特摩斯三世被认为是埃及史上最伟大的法老。他十分崇尚武力。他在位的五十多年间，国家昌盛，军备强大，国土向南和向东大面积扩张。这位法老登上王位的过程并不简单，在他父亲去世时，他还只是个小孩子，因此，权力掌握在他的继母哈特谢普苏特手中长达二十年之久。成为法老之后，图特摩斯三世发动了一系列的军事战争，从努比亚一直打到近东地区，使埃及王国统治的领域扩张到幼发拉底河。这尊雕像是按照最传统的王室雕像来创作的，法老坐在王座上，头戴头巾，额头上嵌有圣蛇标志，身着百褶短裙，腰带上刻有其名字的象形文字，脚下的九个圆弧代表了臣服于埃及的敌国子民。他的王衔纸卷纹与名字除了刻在腰带上，还刻在王座的前部与雕像的腿边。随行德罗韦蒂的法国代理商让·雅克·里福在底比斯发现了这座雕像后，将自己的事迹记载在了雕像的底座上。

图特摩斯三世的王权与力量可以从他用条纹头巾围住的脸孔上一览无遗，这种头巾通常为法老所用，在雕像中以细薄的石头来表现。法老目光深邃平和，嘴部微微上扬，表示了他的王国稳固安定。

如果只是单从面部特征分析的话，其实很难从这些标准化、毫无个性特点的王室雕像中辨认出具体的人物身份。一种非常有效的辨别人物的途径是识别雕塑上的象形文字，在这座雕像上，法老王衔的两个主要名字刻在了双腿的两侧：蒙克佩拉（左侧）与图特摩斯（右侧）。

雕像的底座刻有这样一段法语文字："随行德罗韦蒂的雕刻家让·里福于底比斯发现，1818年。"里福是一位来自马赛的雕刻家，长期在埃及负责修复皮埃蒙特外交家即德罗韦蒂的收藏品。而他个人也收集了一小部分的文物，后来卖给了几个欧洲的博物馆。

埃雷西加小神殿

第十八王朝，图特摩斯三世王国

埃及共和国赠品，1966 年

在古埃及的神殿中，神祇雕像与君主雕像通常被摆放在圣殿的最深处。这些雕像的姿势或是站立，或是像本神殿一样端坐，君主的雕像被摆放在供奉的神祇中间。

20世纪60年代，由于努比亚多座神庙面临被阿斯旺大坝河水淹没的危险，联合国教科文组织发起一场研究与抢救努比亚神庙的国际运动。包括意大利在内的许多国家的考古团队都响应了该运动，于是埃及向这些国家赠送了石制小神庙以示感谢。如今这些神庙如果不迁走的话，将会被彻底淹没在纳赛尔人工湖的湖水之下。都灵博物馆接受了这座埃雷西加小神殿，将其分成几大块搬运来后重新组装摆放在博物馆一楼专门设置的展厅中。该神殿是由埃及史上最伟大的法老之一图特摩斯三世命人在努比亚山上雕凿的，而他的肖像也被雕刻在了山壁上。神殿用于供奉一些神祇：荷鲁斯、沙提、阿努凯特、库努姆、阿蒙神、敏、门图、索普都、哈索尔、奈赫贝特、乌加特、托特。在神殿的最深处有三座雕像，位于荷鲁斯与沙提两位神祇中间的正是法老图特摩斯三世。建成后大约两个世纪，该神殿被拉美西斯二世占用，用于歌颂自己与供奉阿蒙神和荷鲁斯。这座石制神殿的最后一次改造要追溯到基督教时代，从几面墙壁上雕刻的十字架可看出它曾经被改造成了基督教堂。上述的三座雕像当时遭受了严重的破坏，而墙壁上的神祇雕刻则可能被灰泥或者其他绘画所覆盖。

粉色花岗岩
高 152 cm
编号 C.1375
贝尔纳迪诺·德罗韦蒂收藏

阿蒙霍特普二世雕像

第十八王朝，阿蒙霍特普二世王国

本座雕像刻画的是伟大的图特摩斯三世的儿子及其继承人——阿蒙霍特普二世，为德罗韦蒂所收藏，来自底比斯地区。雕像中的法老双膝跪地，手持两个装有美酒的球状酒瓶准备献给神祇。在许多石壁雕刻中，法老们常常以这种姿势出现，他们作为祭祀活动中的主祭人，将祭品献给众神。这件作品中的阿蒙霍特普二世拥有传统君主雕像的特征：头戴垂至肩膀的条纹头巾，额头佩有蛇状装饰，柱形须套顺着脸颊由束带系紧。在位期间，他以坚决的意志将其父亲传给他的政权拓展到了近东地区，因此他在继位者们的眼中是一位强权、冷酷、好战、热衷狩猎的君主。他的陵墓位于皇帝谷，在1898年由法国人维克多·洛雷挖掘出土。这位法国人不仅发现了阿蒙霍特普二世的木乃伊，同时还发现了许多新王国时期的法老与王后的木乃伊。这些木乃伊此前埋葬在位于底比斯的旧陵墓中，但由于盗墓活动猖狂，第二十一王朝的底比斯祭司将他们又重新埋葬在了皇帝谷。

法老手中紧握的两个酒瓶是从孟菲斯时代就开始使用的用于祭祀的传统器皿，里面盛放的不仅是美酒，还有牛奶和水。这两个球状容器做工细致，造型精美。

伊西斯—哈索尔形象的泰伊雕像

第十八王朝，阿蒙霍特普三世王国

玄武岩
高 153 cm
编号 C.694
维塔利亚诺·多纳蒂收藏

帕多瓦植物学家维塔利亚诺·多纳蒂身负萨沃亚王朝指派的任务，前往埃及和近东地区进行考察，并将法老时期三件精美的雕像与几百件小文物寄回都灵。这些物品当时被摆放在大学里的庭院中进行展览。正是在那里，1824年，商博良欣赏到了这些作品。1832年，这些作品被移到了埃及博物馆的大楼中，与德罗韦蒂的收藏品放置在一起。那三件雕像中有一尊为法老阿蒙霍特普三世的妻子——著名的"异教徒"法老阿蒙霍特普四世阿肯那顿的母亲泰伊。泰伊王后头顶一轮嵌在牛角中的日轮，外表被塑造成伊西斯女神的形象。雕像尽管已经支离破碎，却掩盖不住女神高雅的气质：面庞轮廓分明，头戴条纹头套，额头前端立有圣蛇标志，身体比例匀称，身着贴身吊带长衣，显出柔美的曲线。泰伊右手握着象征权力的瓦斯权杖，左手持着代表生命的生命之符——安卡。这尊雕像是在科普多斯挖掘出土的，是埃及君主为庆祝自己登基三十周年命人在全国各地制作的神祇雕像之一。

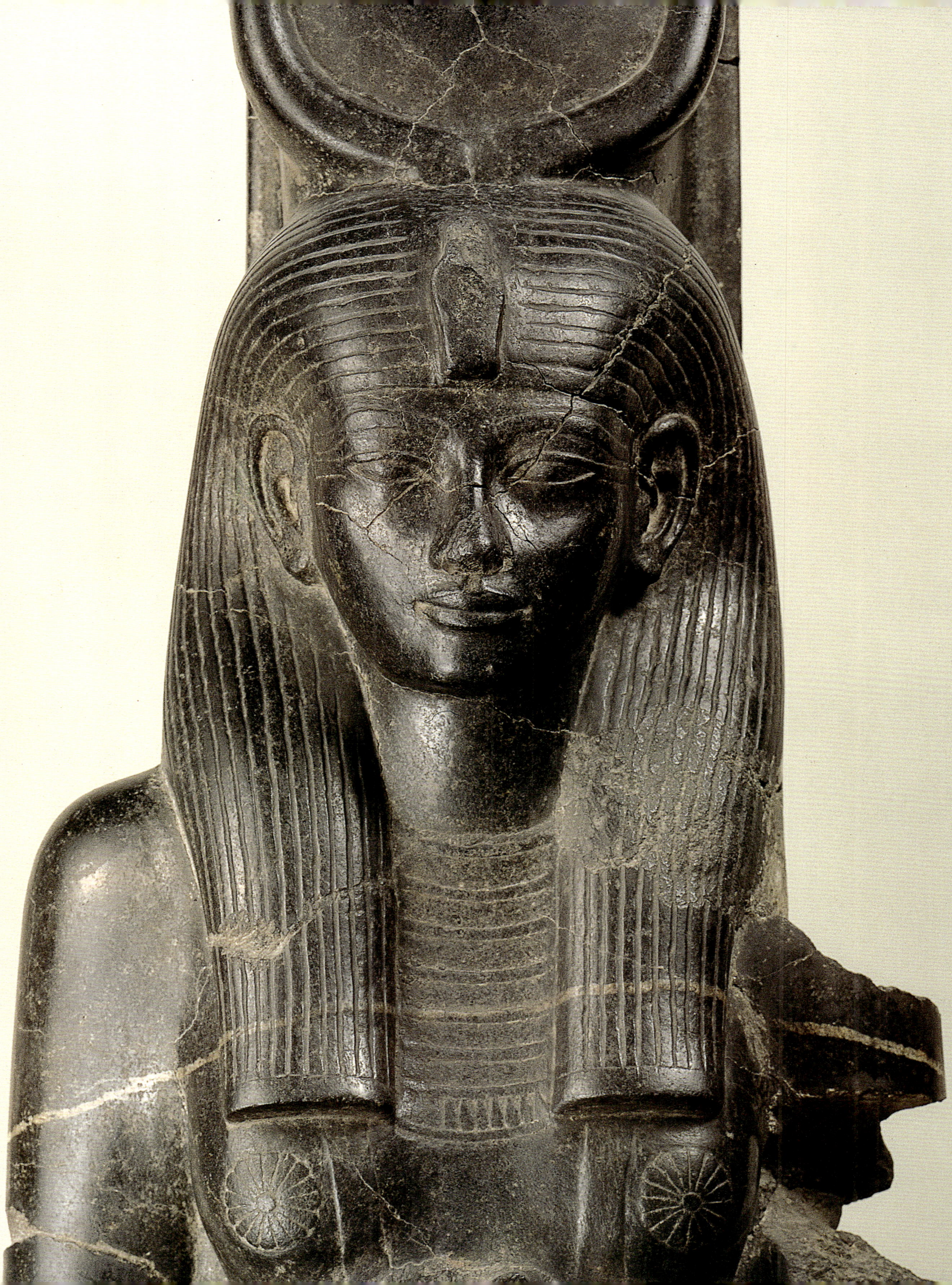

公羊雕像

第十八王朝，阿蒙霍特普三世王国

花岗岩
高 82 cm
编号 C.836
贝尔纳迪诺·德罗韦蒂收藏

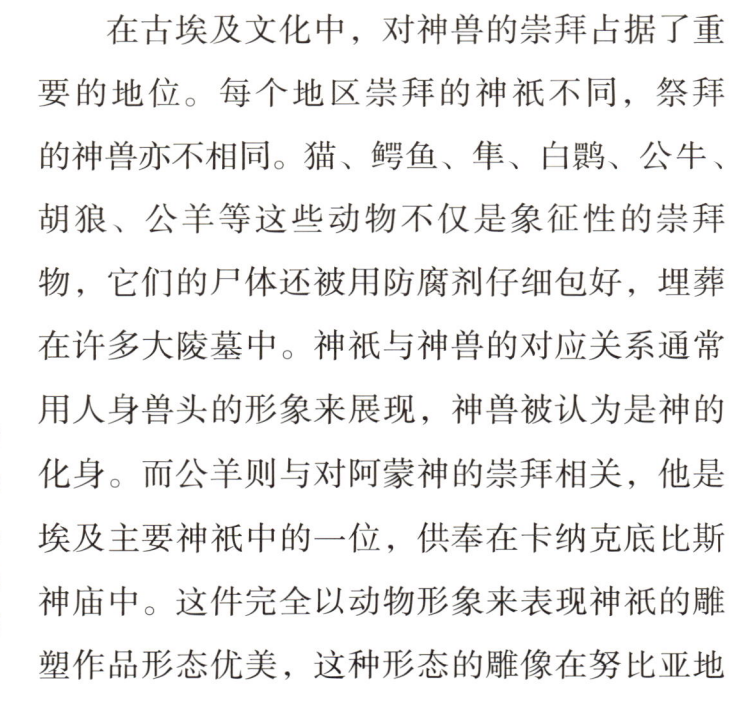

处在公羊神保护之下的小型法老像反映出王室人物雕像的典型特征。他头戴头巾，额头上饰有圣蛇标志，佩戴柱形须套，双手仿佛藏在贴身长袍中握着生命之符。

在古埃及文化中，对神兽的崇拜占据了重要的地位。每个地区崇拜的神祇不同，祭拜的神兽亦不相同。猫、鳄鱼、隼、白鹮、公牛、胡狼、公羊等这些动物不仅是象征性的崇拜物，它们的尸体还被用防腐剂仔细包好，埋葬在许多大陵墓中。神祇与神兽的对应关系通常用人身兽头的形象来展现，神兽被认为是神的化身。而公羊则与对阿蒙神的崇拜相关，他是埃及主要神祇中的一位，供奉在卡纳克底比斯神庙中。这件完全以动物形象来表现神祇的雕塑作品形态优美，这种形态的雕像在努比亚地区尤其受到推崇。公羊前蹄中立着一尊矮小的阿蒙霍特普三世的雕像，象征其得到神祇的庇佑。阿蒙霍特普三世命人制作了包括这件作品在内的一系列类似的作品，用来装饰他建在努比亚的索利卜神殿的入口。几个世纪后，在第二十五王朝时期，塔哈卡法老将这件雕像移到卡纳克的神殿群中，用来表达对底比斯伟大神祇的尊敬。因此也正是在那里，这件公羊雕塑被挖掘出土，成为德罗韦蒂的收藏品，并最终来到了都灵埃及博物馆。

石灰岩
高 102 cm
编号 C.87
贝尔纳迪诺·德罗韦蒂收藏

卜塔雕像
第十八王朝，阿蒙霍特普三世王国

根据创世论的多种传说之一，卜塔是造物主，仅通过使用他的思想与语言便创造了宇宙中的生命。他在孟菲斯地区备受崇拜，位列至尊，而在埃及各地则被普遍认为是艺术与工匠的保护神。这尊雕像是依照传统的人物形象进行创作的，人物头戴一顶狭窄的压发帽，身穿一袭贴身衣袍，双手位于腹部的位置。不过，这个头部其实是19世纪重新制作的，依据当时的惯例，人们会将不完整的艺术作品补充完整。雕像中造物神端坐在宝座上（在其他类似的雕像中则是呈站立姿势），手握一些神祇标志：瓦斯权杖和德秋支柱。前者是权力的象征，通常与法老相关联；而后者则是社会稳定的象征。事实上这两种权杖均有着严格的形状规定，这件雕像中的权杖与端坐的姿势结合在一起，显得有些不自然。在宝座的前部和卜塔双腿的两侧，刻有法老阿蒙霍特普三世的两处王衔纸卷纹，正是他命人制作了这件作品和另一件类似的作品。另外那件作品雕刻的也是卜塔，呈站立姿势，同样收藏在都灵埃及博物馆中。

在雕像底座的前侧，象形文字标志的上方，刻有两只拥有人类手臂的鸟。这两只鸟为田凫，代表了全体埃及人民伴随在两颗星星旁边，仿佛正在向象征生命的标志致敬。

阿尼恩雕像

第十八王朝，阿蒙霍特普三世王国

闪长岩
高 146 cm
编号 C.1377
贝尔纳迪诺·德罗韦蒂收藏

　　都灵埃及博物馆有一尊德罗韦蒂收藏的美丽的泰伊王后的雕像，而阿尼恩正是这位泰伊王后的弟弟。阿尼恩在卡纳克阿蒙拉神庙中担任祭司（占星师）一职，他身穿精美的豹皮外衣，上面缀满了星星，腰带上挂着小匣子，这些特征表明了他的身份。阿尼恩的名字与头衔刻在短裙的中间以及用来支撑整个雕像背部的柱子上，而他的姐夫、法老阿蒙霍特普三世的名字则刻在一些纸带上，这些纸带用来装饰人像的左肩和一个由三叠坠链支撑起来的工具箱。整座雕像具有埃及人物雕像的一些传统特征，例如梯状的头套由许多大小不一的发绺构成，双臂紧贴在身侧，正在迈步的双腿间不留空隙等。从作品风格来看，雕像大小适中，注重细节，体现出第十八王朝高超的雕塑制作水平，这个时期正是埃及历史上的诸艺术高峰期之一。这件作品如此精美，甚至震惊了它的发现者——随从德罗韦蒂的代理商让·雅克·里福。他为这件作品画了素描，画稿如今收藏在日内瓦公立大学图书馆中。

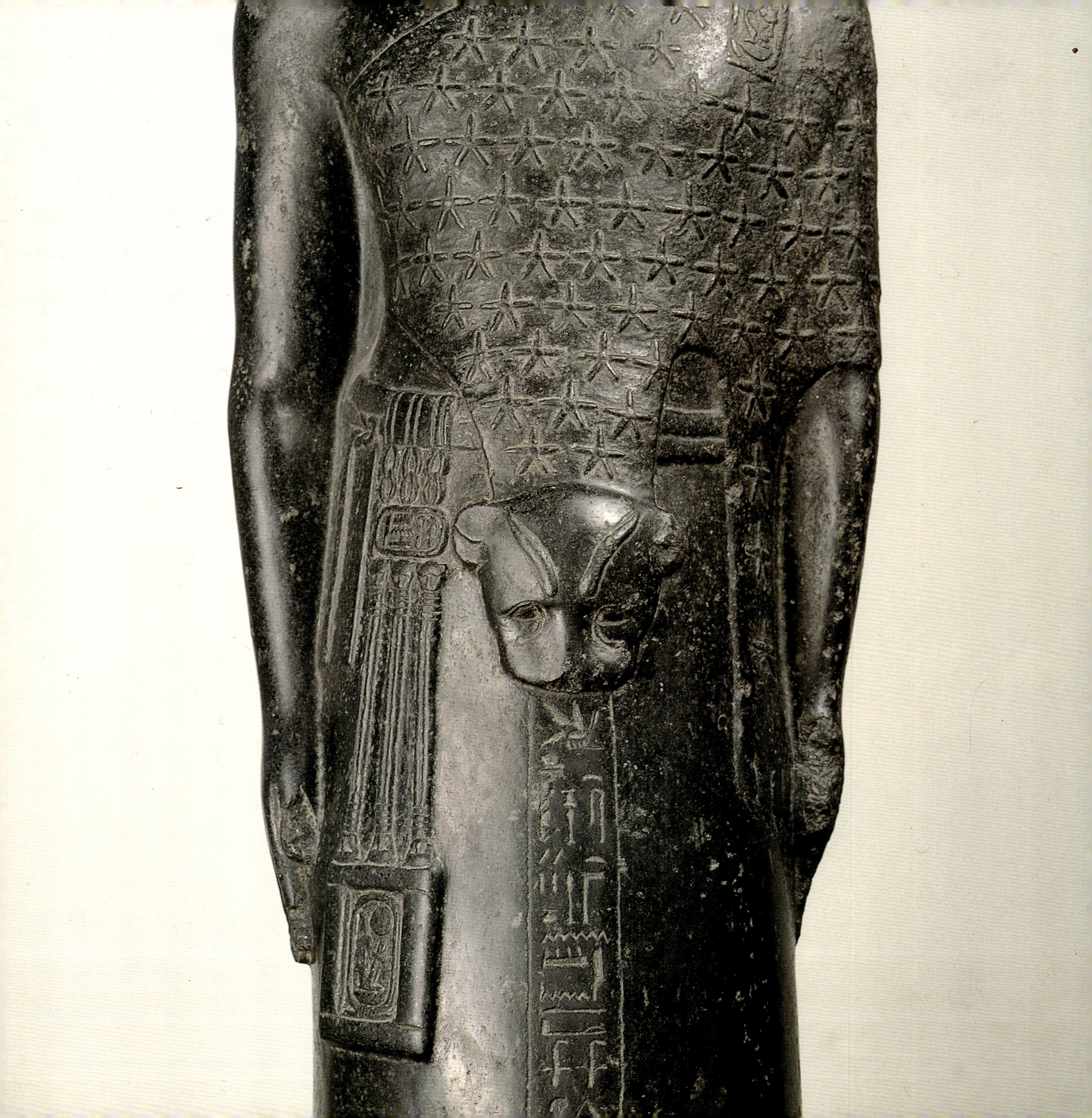

塞克荷迈特雕像

第十八王朝，阿蒙霍特普三世王国

灰色花岗岩
高 200 cm
编号 C.258
贝尔纳迪诺·德罗韦蒂收藏

都灵埃及博物馆藏有一系列塞克荷迈特雕像。这是一位拥有双重外表的女神，一会儿她是一位仁慈的医者，给病人以安慰；一会儿她又是一位令人害怕的破坏者，她用力量来保护太阳神和法老。在雕塑中，"强大有力的"塞克荷迈特总是以混合的形象出现，狮头人身，或坐在宝座上，或如这尊雕像一样站立着。头部装饰了一圈厚厚的狮鬃，与三分式的发套合为一体，最上方顶着一个带有圣蛇标志的大日轮。女神身披一袭贴身长衣，放在身前的手紧握着纸莎草秆形状的手杖，代表胜利与青春，而另一只手中则持着生命之符安卡。这件雕像与其他类似的雕像一起，出土于位于卡纳克神庙群中的姆特神殿。在那里法老阿蒙霍特普三世命人建造了几百座塞克荷迈特雕像，有365尊站姿和365尊坐姿，以表达对这位强有力的女神的尊重。在底比斯地区，塞克荷迈特是与姆特女神合二为一的。这个独一无二的系列雕刻，是法老精心安排用于庇佑自己、王国与子孙的健康与安全的。在这些雕像中，法老的名字通常是与女神的多个名号相关联的，例如"塞克荷迈特的应答"，这些成为祷告法典中的一部分，用于驱魔消灾。

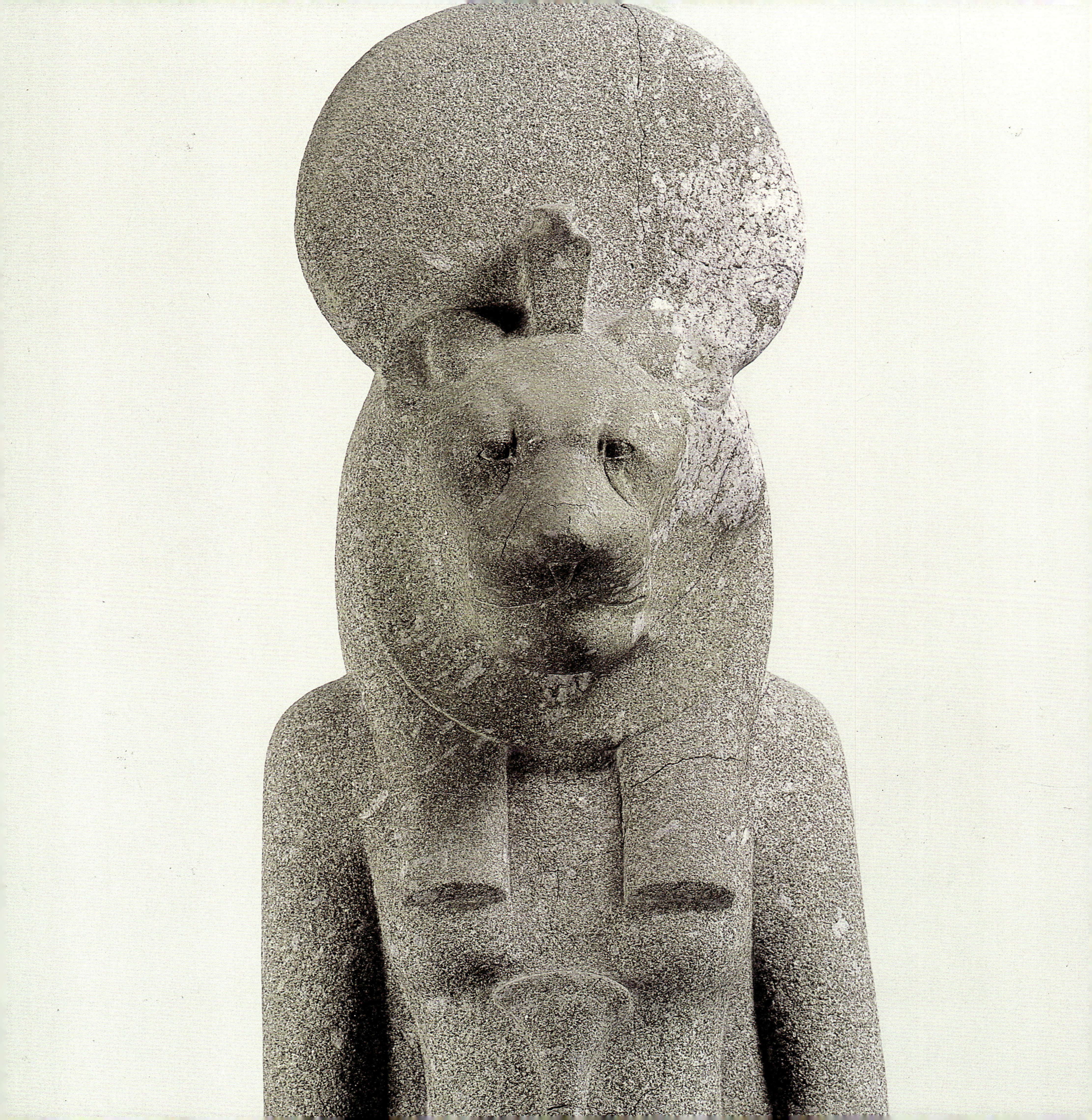

卡的木乃伊棺木

第十八王朝

涂有黑色松脂与金箔的木头
长230cm，高115cm
编号 S.8316
埃内斯托·斯基亚帕雷利发掘于德尔麦迪那

卡与默林的陵墓是德尔麦迪那村庄最初的也是最轰动的考古发现。五个多世纪的时间里，曾经有无数的工匠来到这里进行法老地下陵墓的建造与装饰。这个小坟墓出土时并未遭受任何破坏，斯基亚帕雷利于1906年将其挖掘之后，其宝贵的墓葬品被送到了都灵。由于坟墓被不寻常地建造在远离地表墓葬祭台的地方，因此得以避开了古老的盗墓者。坟墓里埋藏着一对生活在阿蒙霍特普二世、图特摩斯四世和阿蒙霍特普三世时期的夫妻的石棺及日常用品。用现在的话讲，卡是一位"建筑师"，是村庄中最显赫的名人之一，这一点可以从他丰富的家族墓葬品中看出来。他的墓葬品包括餐具、衣物、家具、卫生用品、职业工具、香料、亚麻衣服、食物与饮品。此外，夫妻二人的棺木同样具有极高的工艺价值。卡的棺木共三个，相互嵌套，用来保护其木乃伊。位于中间的棺木为木乃伊形状，按照那个时代的流行做法，黑色的表面用金箔进行雕刻和装饰，显得十分珍贵。在刚被挖掘出土的时候，棺盖上仍覆有一条干花做成的项链。这是在葬礼期间放上去的，作为告别逝者最后的也是最感人的仪式献礼。

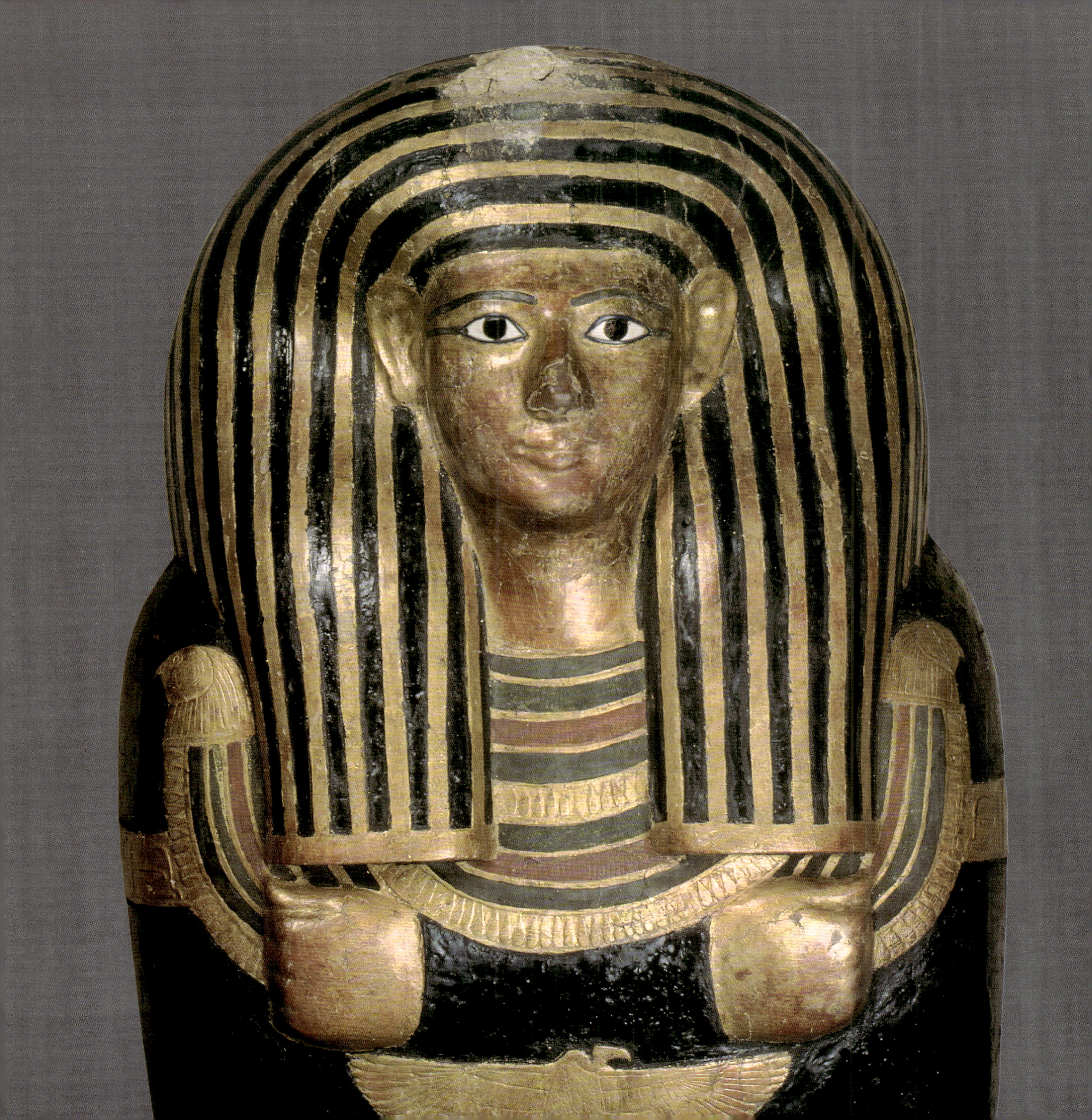

卡的游戏盒

第十八王朝

木头
长 40 cm
编号 S.8451
埃内斯托·斯基亚帕雷利发掘于德尔麦迪那

在游戏盒的侧边有一个带手柄的抽屉，用来存放骰子和棋子。这些棋子分成形状不同的两组，以标识游戏双方。

德尔麦迪那村庄从来不缺少休闲娱乐活动，而这些游戏也同样被记录在出土的墓葬品中。在埃及有一款非常著名的游戏叫作"塞尼特"，有棋盘和棋子，通过棋子在棋盘上的走动来进行游戏。在卡的陵墓中发现了一个制作精良的木制长方形棋盒，按照向逝者献祭的传统方式，棋盒每个面都写有象形文字。盒子的底面画了30个格子，用来走棋子，盒子的上面则用来玩另外一个叫作"二十格"的游戏，正如名字所示画有20个方格。这两个游戏的具体规则如今已不可考证，不过仍能得知对战的双方需要一些骰子来移动棋子，在这个小小的便携式游戏盒抽屉中保存着一颗这样的骰子。此外，"塞尼特"还具有象征意义，在纳菲尔塔莉女王陵墓的墙壁上有一幅知名的壁画，画中女王正在全神贯注地与看不见的对手对弈，下的正是"塞尼特"。在这个游戏中，赢得比赛就意味着超越神的审判，获得永生。

木头
高 43cm
编号 S.8335
埃内斯托·斯基亚帕雷利发掘于德尔麦迪那

卡的小雕像

第十八王朝

这件小巧精致的木制雕像也是一个墓葬品，刻画的正是逝者卡。当初雕像被发现的时候是立在椅子上的，如今依然用椅子支撑着。雕像造型精美，充满那个时代的风格特点。卡正庄重地迈步，双臂垂于体侧，这是一个向神祗致敬的常见姿势。而他的发套由许多绺头发组成，呈梯形，垂至肩头，别在耳后露出耳朵。他所穿的服装是那个时代常见的：带有三角花边皱褶的长裙，皱褶上写有一行庇佑卡的黄色祭文。类似的祭文还雕刻在支撑雕像的长方形底座上。埃及炎热干燥的气候使戴在脖子上的花环得以保存了下来，这个花环是在陵墓关闭前由卡的亲友亲自戴在他的脖子上的。而支撑雕像的椅子同样也展现了那个年代木工高超的技艺。椅子用稻草编织而成，椅脚做成狮脚状，椅背为实木，黄色的底面上画有几何与花纹图案。而椅子两边的另外两行祭文同样是庇佑卡的灵魂的。

卡的脸孔被深色且厚实头发所包围，表情严肃端庄，黑色的眼睛炯炯有神，一如那些传统的雕像，这座小雕像同样展现了工匠的心灵手巧。

卡的镀金腕尺

第十八王朝

镀金木头
长 52.5cm
编号 S.8647
埃内斯托·斯基亚帕雷利发掘于德尔麦迪那

在镀金腕尺的上侧刻有一行长长的象形文字，上面写着法老阿蒙霍特普二世的两个主要王衔名字（阿赫普鲁拉和阿蒙霍特普），卡和他的妻子默林正是生活在这位法老的王国时代。

卡去世后，与他一起埋葬的除了个人和家庭日常用品以外，还有一些书写工具、工作器具和测量工具，其中一部分与他的职业——工头紧密相关，这个职业大致与现代的建筑师相同。在他小小的陵墓里，出土了一些小刷子、书写板、一把凿子、一把斧头、拱形钻机、一个称重用的木匣、一个用皮套保护着的折叠式木制腕尺以及一个镀金腕尺。腕尺是古埃及常见的用于测量直线的工具，有两种形状：一种为小腕尺，长45厘米；另一种为"真正的"腕尺，长52.5厘米，与人的前臂（即从肘到中指端的距离）大约相同。第二种腕尺在卡的陵墓中发现了两个，其中一个制作精良、价值极高。这件木制腕尺表面涂了一层金箔，是法老阿蒙霍特普二世赠给他的建筑师的，以肯定他出色的工作。腕尺的斜面上标刻了各种长度（指长、掌长、拃长、脚长、臂长），垂面上则等分成28段，每段为一指长。

默林装有瓶子的小匣子

第十八王朝

小匣子：上色木头
42.5cm×23cm×29cm
编号 S.8479
瓶子：玻璃／兽角／彩色陶器／雪花石膏
高 6—13cm
编号 S.8480/8481/8483/8484/8486/8487/8489/8490
埃内斯托·斯基亚帕雷利发掘于德尔麦迪那

这两个蓝色玻璃瓶上精美的彩色装饰是先将黄色和白色的玻璃丝熔化，趁着瓶子铸造后仍然炽热、处于柔软的状态时，将玻璃丝嵌入瓶身，随后人工冷却而成的。

默林与她的丈夫同葬在陵墓中，拥有同样做工精良的陪葬品，这意味着夫妻俩生活富足。默林的名字意思为"被爱者"，她在丈夫去世前很早就去世了，被安葬在为其丈夫准备好的石棺中，正如碑文所示，上面只提到了卡，并没有只言片语是关于妻子的。这位年轻新娘的陪葬品大多数是美容方面的：包括一顶存放在专门制作的木制小橱中用真发做的发套，以及一些首饰，一些用于化妆和维护个人卫生的用品。在这些物品中值得一提的是一系列非常珍贵的瓶子，它们被用来存储香水、香膏和眼影。一个非常精美的蓝色玻璃圆瓶，上面画有黄色和白色的波浪条纹。瓶盖上有两个带有黄色喙的鸭头，显得更为独特。具有类似装饰的还有一个管状的瓶子，边缘用垂花装饰，用来保存默林涂眼睛的化妆品。这些瓶子都被仔细地摆放在一个木制匣子里，匣子外部画有彩色几何图案和花卉图案，上写有默林的名字，暗示了此匣的归属者。

彩陶碗

第十八王朝

蓝色彩陶
直径 13 cm/12 cm
编号 C.3369/3370
贝尔纳迪诺·德罗韦蒂收藏

在新王国时期，使用彩陶餐具作为家用装饰成为富人们的一种时尚。制作这种彩陶的原材料是含有石英的水沙混合物，再加上一点石灰粉和氧化钠。而表面反光的玻璃层则是将碳酸钴、石灰和二氧化硅制成混合物后，用量精确地与原材料混合在一起或者在烧制前涂到原材料表面上。这些餐具的颜色或深蓝，或土耳其蓝，或蓝绿，产生这类差异的原因在于加入混合物中的颜料质量、分量不同。这些产品制成后，因具有鲜明透亮的色彩，受到了当时人们的喜爱，它们被当作餐桌容器，卫生器皿或文化用品。这两个碗是第十八王朝时期十分常见的器皿，模具的使用使得批量生产成为可能。表面黑色的绘画突出了江河的主题，并画有莲花、鱼、纸莎草、船与游泳的人等形象。所有图案都是具有深刻的象征意义的：植物的生长周期代表了生命，而鱼则与牺牲和多产相关。

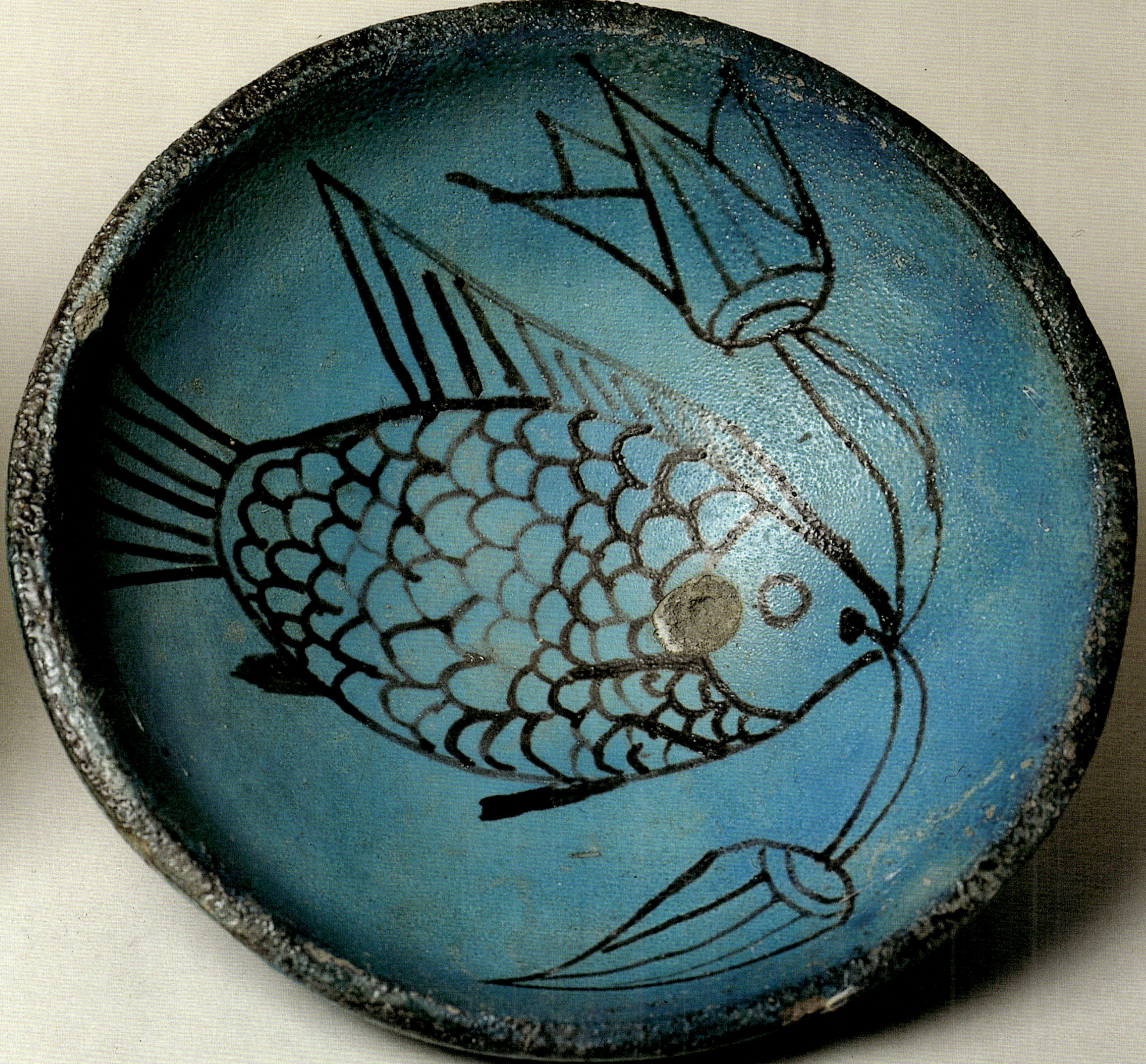

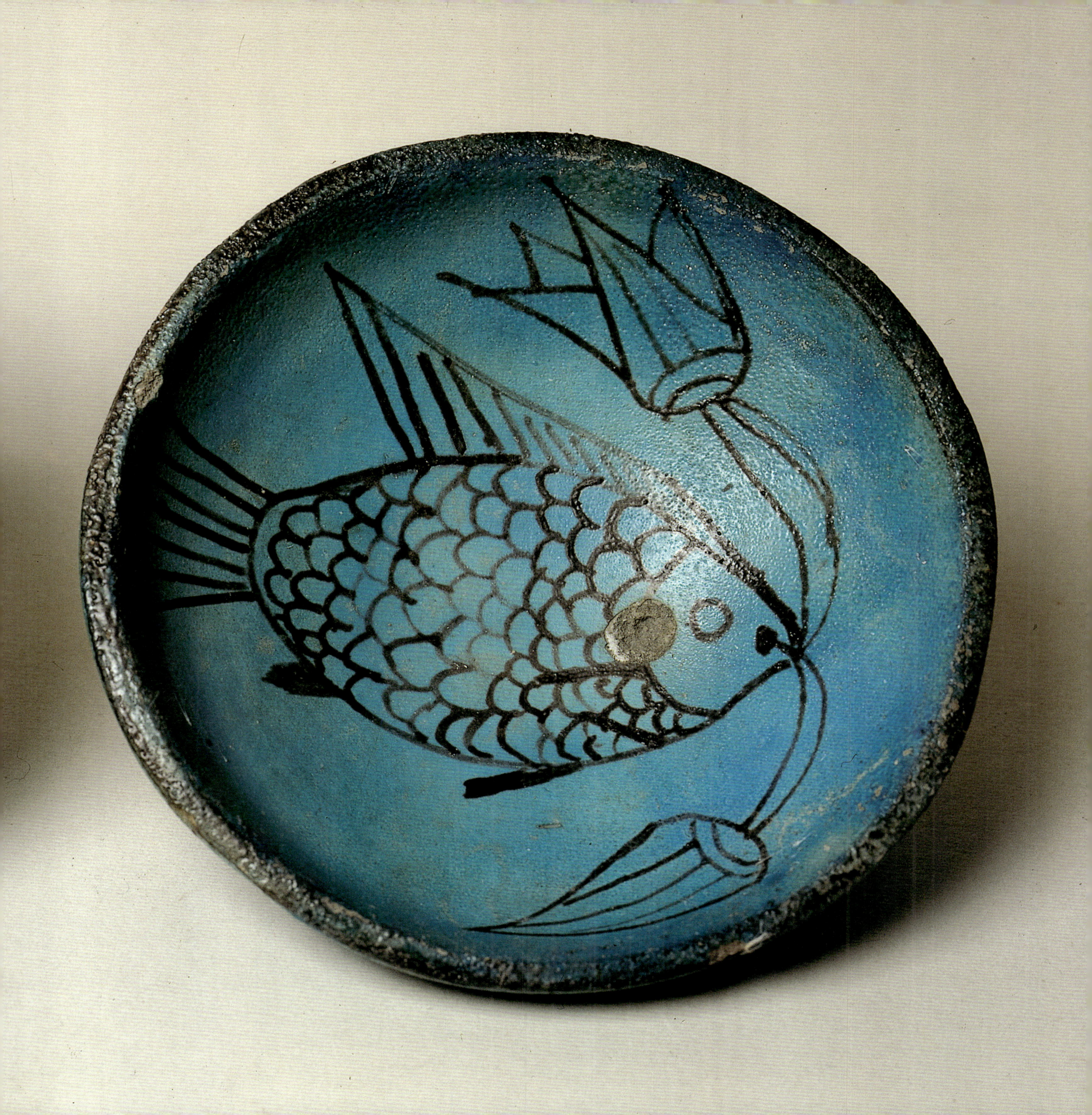

玛亚的石碑和祭坛

第十八王朝

石碑：粉刷、上色的石灰石
高 67 cm
编号 C.1579
贝尔纳迪诺·德罗韦蒂收藏
祭坛：画有胶画的石膏灰泥层，底部为麦秆与泥浆
内部尺寸：长 220 cm，宽 145 cm，高 181 cm
编号 S.7886
埃内斯托·斯基亚帕雷利发掘于德尔麦迪那

1905 年，德尔麦迪那的挖掘工作才开始不久，埃内斯托·斯基亚帕雷利就发掘了一处非常重要的古迹，这处古迹是属于生活在第十八王朝后半期村庄里的一位画家的，他的完整头衔应为"阿蒙神在真理之址功绩的书写者"。这里原先是一个生砖筑成的小金字塔，祭坛位于陵墓上方，通过一口井与陵墓相连。祭坛墙壁上画有生动的图画，是用植物混合材料与石膏灰泥混合画成的。埃内斯托·斯基亚帕雷利的助手使用一种叫作"撕拉术"的技术将画从墙壁剥离，重新放置在专门制作的与原祭坛大小一致的场地中。画上的场景分成若干个分栏，刻画了玛亚与他的妻子以及他们的家人、祭物搬运者、哀悼中的女人、象征着前往埃及圣城的仪式性船只等。而石碑原先是嵌在壁龛中的，19 世纪时德罗韦蒂的助手们将其带走，与其他收藏品一起带到都灵。石碑上刻着玛亚和妻子正在向欧西里斯和哈索尔献祭并接受他们儿女们的祭品的场景。

玛亚与他的妻子塔密头顶有两个锥状物品，关于这两个锥体到底是什么一直存在着各种猜测。一些人认为这是象征香料的常见平面图，而一些人则认为象征了香脂，其经过加热后可以慢慢融化，让人们在宴会中保持香气。

石灰石
高 10 cm
编号 C.1398
贝尔纳迪诺·德罗韦蒂收藏

阿蒙霍特普四世（阿肯那顿）的小头像

第十八王朝，阿蒙霍特普四世（阿肯那顿王国）

这件小小的头部雕像刻画的应当是法老阿蒙霍特普四世（阿肯那顿），这位法老在第十八王朝末期时推行一项深刻的宗教改革，宣传一神论。泰尔阿玛纳成为新首都后，"阿玛纳风格"指的不仅是发生了变化的宗教信仰，也指发生了"革命性"转变的艺术风格。阿肯那顿法老是这种新风格的推动者与支持者，这种风格尽管仍然与传统肖像的特点有所关联，但是更加接近写实主义，少了一些刻板印象。这个时期的艺术代表了与过去风格的短暂告别，尽管时间不长，却依然在随后的几个年代里留下了它的印记。这件收藏在都灵埃及博物馆中的小头像头戴蓝冠和圣蛇标志，轮廓比例匀称，但与这个时期其他作品不同的是，这尊头像并没有将阿玛纳的"革命性风格"彻底吸收。那些具有"革命性风格"的王室雕像通常拥有特别长的脸孔、修长的鼻子、杏形眼、宽大的臀部和隆起的腹部。之所以会出现这种奇特的肖像特征，是因为它极有可能是"真实的"特征——人们猜测这位法老极有可能因先天缺陷而导致身体畸形。而这样的处理也体现出头像的写实性。

对比阿玛纳时代的王室雕像，这尊法老雕像的面孔尤为精致，眼睛却只是简单带过，具有深厚的写实主义特点。嘴唇小而微肿，两侧留下了两道细纹，形成了微妙的明暗效果。

向阿顿神致意的两道王衔纸卷纹

第十八王朝，阿蒙霍特普四世（阿肯那顿）王国

石灰石
高 108 cm
编号 C.1378
贝尔纳迪诺·德罗韦蒂收藏

　　这件独特的石碑是通往祭拜太阳神阿顿神神庙通道两侧斜坡上栏杆的装饰。阿蒙霍特普四世在埃及引入了这位新的神祇，推行一神教，打击阿蒙神以及底比斯祭司，以此来进行权力斗争。在阿蒙霍特普四世引领的这场宗教改革中，他将自己的名字改为阿肯那顿，且在其他领域也进行了重大的变革：在政治领域，法老建立了中埃及的新首都，命名为"阿肯那顿"（泰尔阿玛纳）；在艺术领域，出现了特征鲜明的新风格。法老去世后，宗教改革戛然而止，他的继任者图坦卡蒙又回归到正统的宗教中。新首都阿肯那顿很快被废弃，古老的底比斯又重新焕发生机，传统的神祇崇拜又重新恢复。如同阿蒙霍特普四世之前所做的将"阿蒙神"的名字全部去掉那样，存在于各种石碑上的"阿顿神"的名字也被全部去除，刚刚过去的那场改革的每个印记都消失了。这件艺术作品正面写有神的名字，两侧写有法老的名字，但这些过去被人们遗忘在历史的尘埃中。

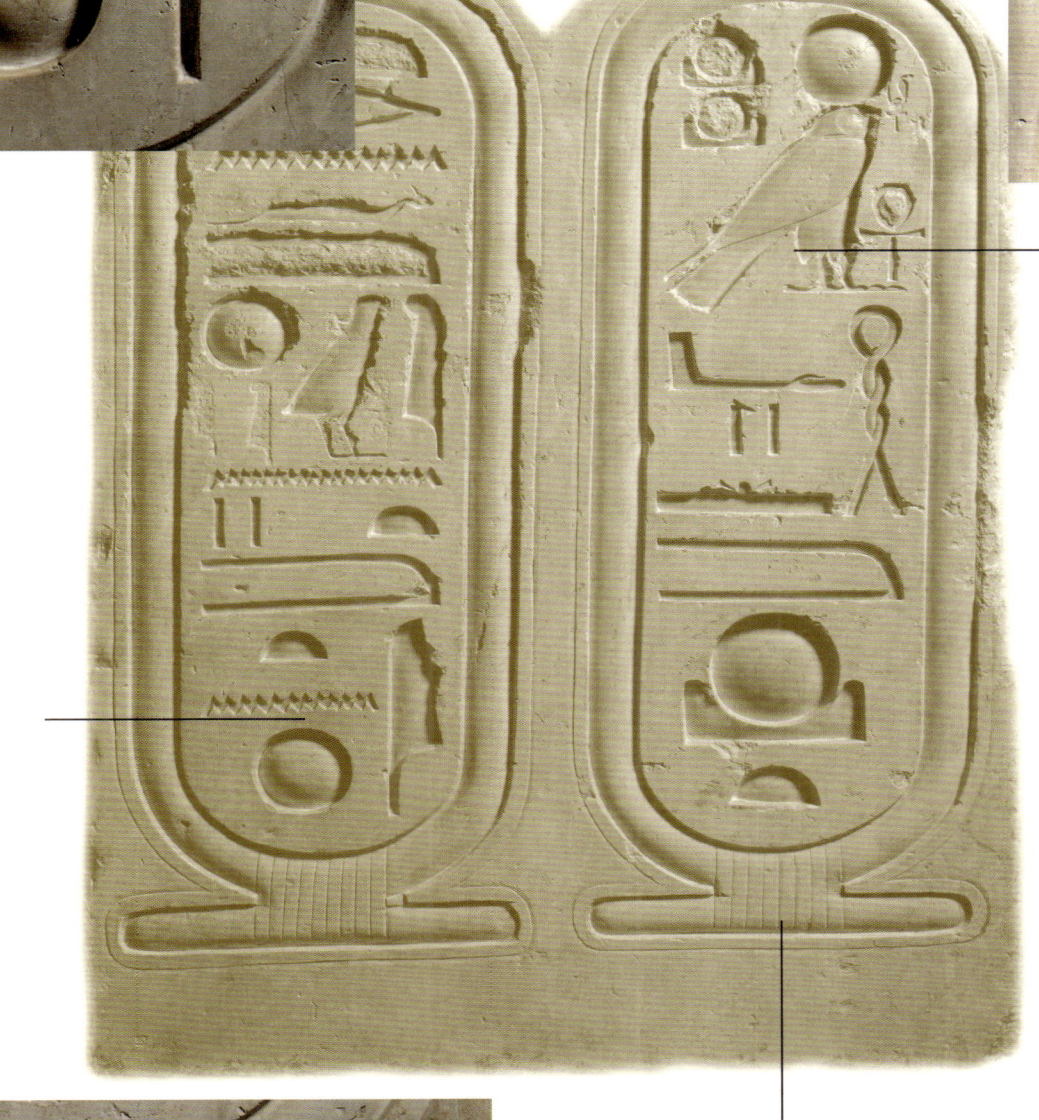

在左侧纸卷纹下方写有阿顿神的象形文字：古埃及语 it(e)n。垂直的灯芯草状记号读作"i"，旁边上下共有三个象形文字：面包形状的符号（读作"t"）、水纹形状的符号（读作"n"），以及一个日轮符号。最后这个符号不发音，但是代表了神的属性以及太阳的名字。

这只头顶日轮的隼位于右侧纸卷纹的上方，代表拉神哈拉克提，也就是太阳神，与阿顿神密切相关。这只隼的肩上有两个小符号，属于拉·哈拉克提名字中的一部分。符号中画的是太阳从两个柱子间的地平线上升起。

"纸卷纹"这个名词是由一群追随拿破仑来到埃及研究和记录古迹、风土人情的学者们第一次使用的。纸卷纹其实是叫作"申"的环状符号的延长形式，由底部打结的绳索构成，代表了宇宙与永恒。从第四王朝开始，这种纸卷纹被用来书写每个法老的两个主要名字。

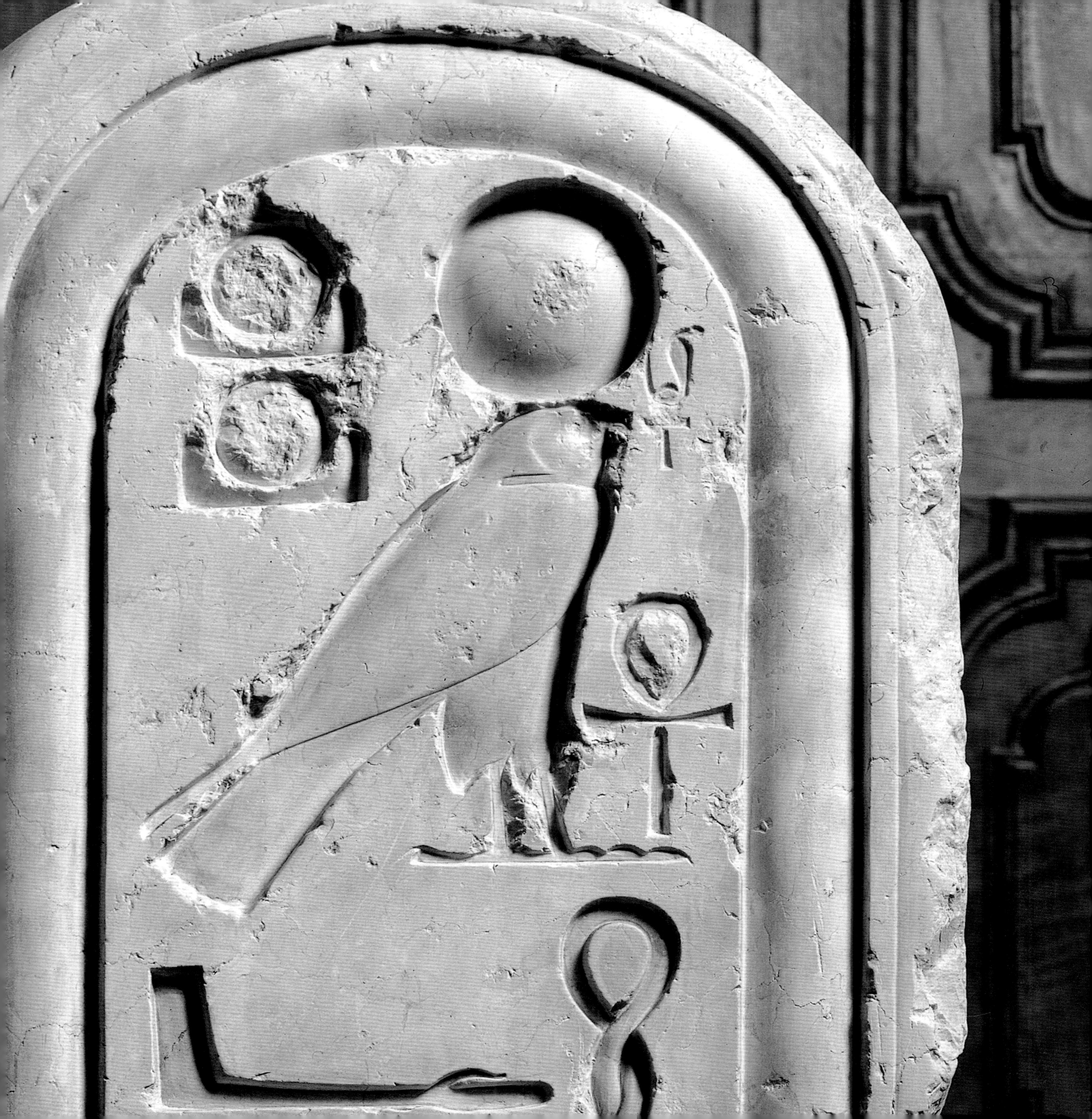

图坦卡蒙与阿蒙神的雕像

第十八王朝，图坦卡蒙王国

石灰石
高 211 cm
编号 C.768
贝尔纳迪诺·德罗韦蒂收藏

　　这件雕像刻画的是底比斯阿蒙神端坐在宝座上，旁边站着法老图坦卡蒙。这位法老因1922年被霍华德·卡特发现其陵墓而为世人所知，法老是依照埃及艺术中最常见的形象来创作的：裸露着上身，下身穿多褶短裙，裙上刻有王衔纸卷纹，戴着柱形须套及头巾，额上还有圣蛇标志。他的身形跟旁边的神祇相比显得娇小，但二人的面孔却差不多，虽然一人为坐姿一人为站姿。阿蒙神与图坦卡蒙失真的身形比例强调了神祇的重要性，代表了法老对神的敬畏。继阿玛纳时期对太阳神的崇拜后，法老又回到了对底比斯神祇祭拜的道路上来。君主统治的王朝与阿蒙神之间重新建立的信仰关系还体现在二人亲密的姿势上，君主伸手拥抱着神祇，而这正是典型的夫妻雕像中的亲密姿势。这样的创作结构，表明了图坦卡蒙力图矫正阿蒙霍特普四世（阿肯那顿）的宗教改革，使其最大可能地回到传统的宗教与艺术中来。正如经常发生的那样，这件雕像被另一位法老霍伦海布窃用，他将前任法老的王衔纸卷纹替换成了自己的。

神祇面带微笑，神情安然，戴着柱形须套（常用来表示神与君主），头上戴有王冠。这个王冠稍微呈喇叭状，越往高处越窄，最上方立有两根靠在一起的羽毛，是单独安放上去的，如今已经只剩局部。

按照传统，这件雕像上刻有法老名字与王衔的纸卷纹。在两个雕像头部之间、神祇的腿边和法老的腰带上，写有窃用法老霍伦海布的两个主要名字，名字前分别写有"上下埃及的王"和"拉（太阳神）的儿子"等字样。

法老穿着一件精致的多褶短裙，正面折起，显出身形。而这种创作方法正是受到之前的阿玛纳艺术风格的影响，在阿玛纳风格中，人像普遍拥有宽大的臀部、隆起的腹部和下垂的腰带。不过在这里，这种特点并没有那么明显。

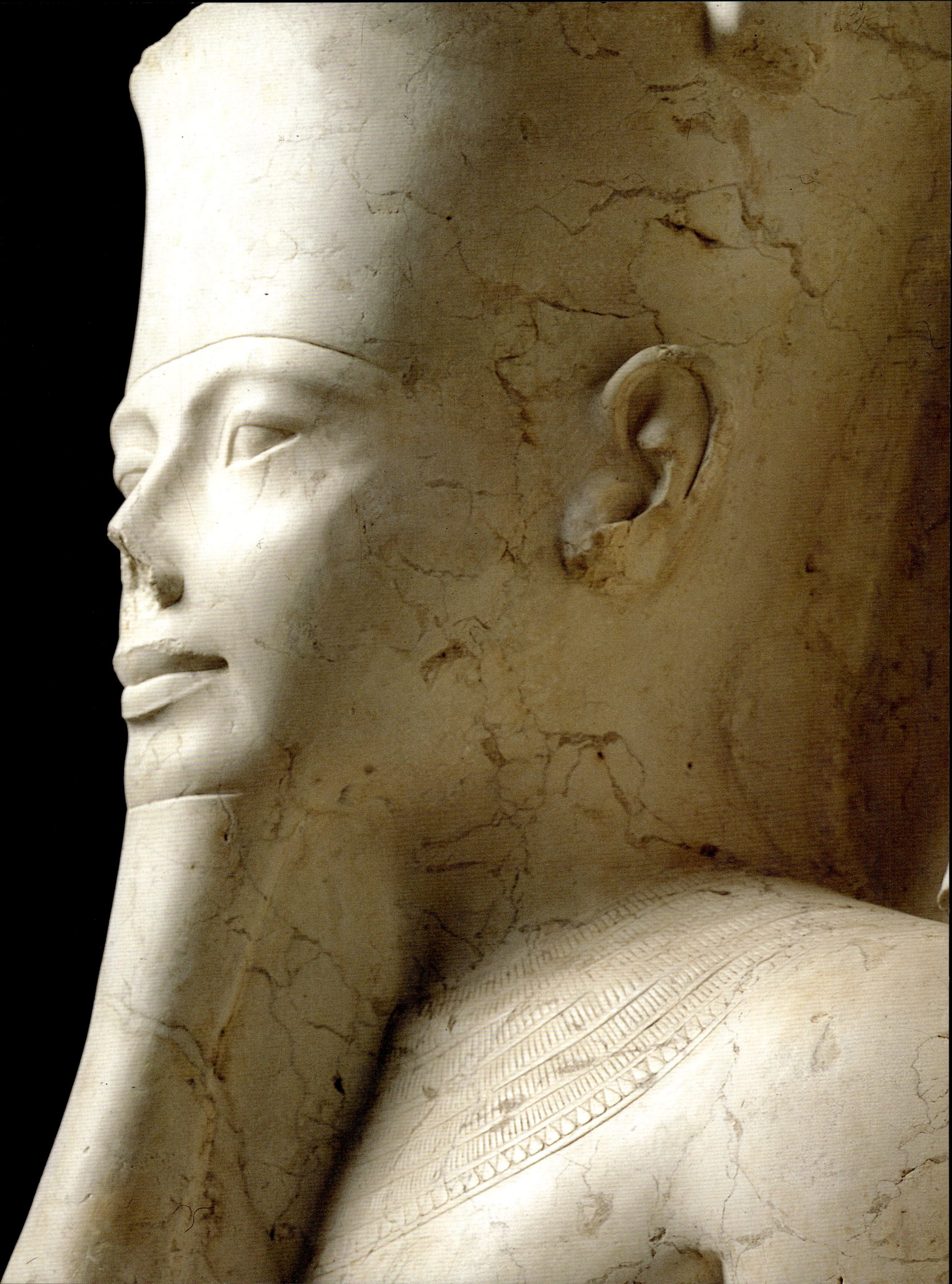

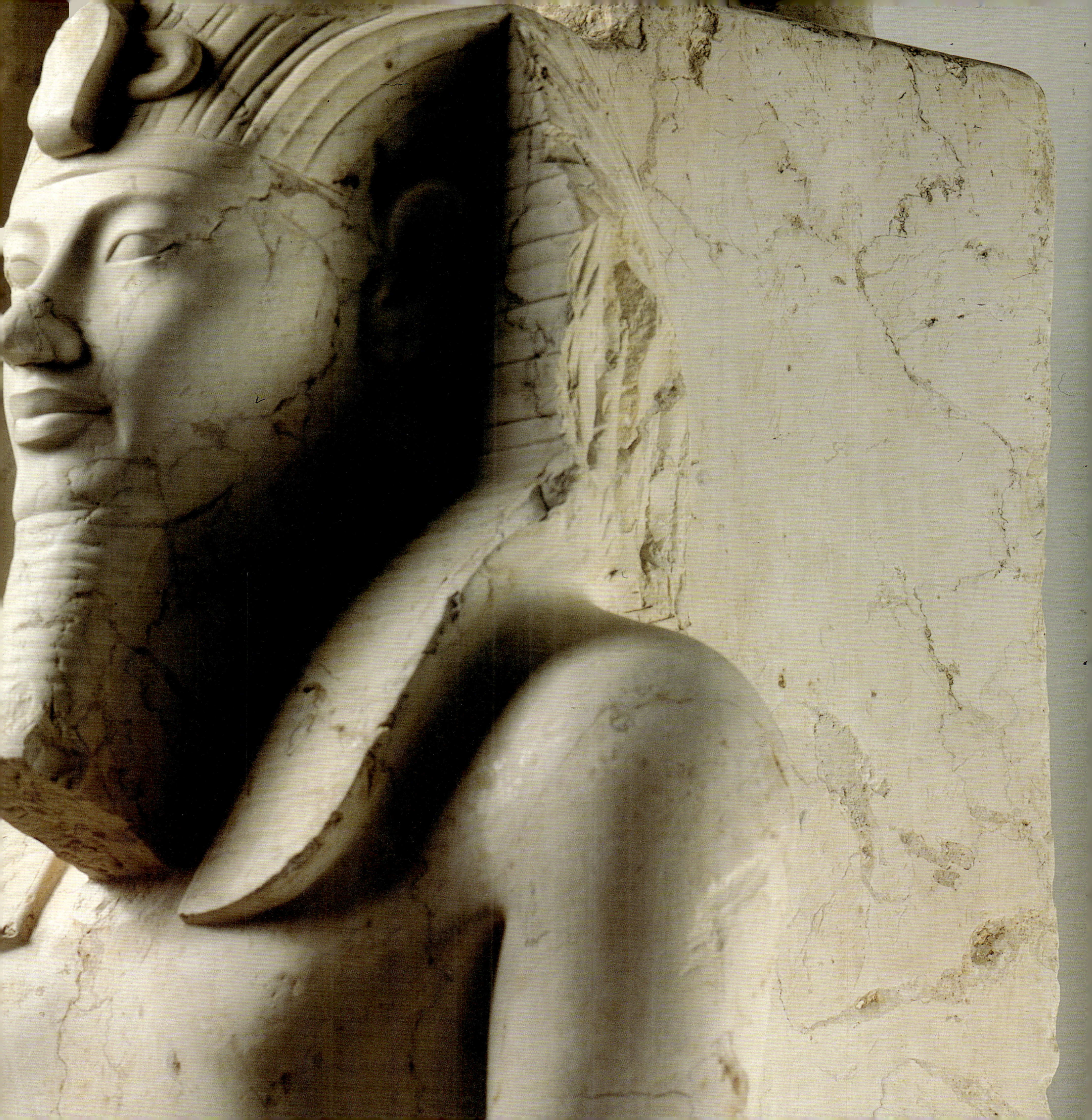

霍伦海布与穆特诺杰美特的雕像

第十八王朝，霍伦海布王国

碧玄岩
高 129 cm
编号 C.1379
贝尔纳迪诺·德罗韦蒂收藏

穆特诺杰美特的脸部受到了一些损伤，她那厚实的束状发套上有一些代表女性王权的标志：一张秃鹫的皮；一个上面立有两个圣蛇标志的盆器。

　　霍伦海布原先是一位来自赫拉克里奥波利斯的埃及军队的将军，他应当是在阿蒙霍特普四世（阿肯那顿）王国时期开始逐渐壮大自己的实力的。作为一名强大的将军，他在征战努比亚和近东地区的一系列战役中取得了赫赫战绩，地位迅速上升，直到坐上埃及国王的宝座。虽然不属于王室家族成员，但是他通过与穆特诺杰美特的联姻成为法老的合法继承人，后者被认为是娜芙蒂蒂王后的妹妹。这件夫妻雕像中二人端坐在宝座上，雕像背面长长的象形文字表明，雕像作品正是在霍伦海布举行登基仪式之际制作的。尽管已经难辨具体的形容，但依然可以看出整体上是严格按照传统王室肖像特点进行创作的。这件作品与众不同之处在于加入了私人作品中常见的元素：妻子单手搂着丈夫，尽管不符合礼仪习俗，却表明了他们的爱意。宝座的两侧分别刻有带着翅膀的斯芬克斯和四个被象征埃及统一的植物捆绑起来的囚犯。这种创作手法象征了边境地区对埃及的臣服和国家的统一。

娜芙特貌的小雕像

第十八王朝

部分镀金的木头
高 20.5cm
编号 C.3107
贝尔纳迪诺·德罗韦蒂收藏

埃及艺术中有大量的表现儿童的作品，这些儿童有的是王室的后代，也有的来自朴素的手工艺人之家。这些作品的形式有雕像、雕刻和绘画，常常表现出儿童的固有特征。制作最精良的要数这件名叫娜芙特貌的小木雕了，它出土于底比斯大陵墓。这个小女孩正迈出小小的步伐，显出这个年龄的孩子常有的羞涩腼腆。整个身体造型优美，镀金的部位令人印象深刻：耳环、项链以及系在腰上的小腰带。这些装饰是埃及小女孩常见的饰品，由于气候炎热，她们在日常生活中习惯半裸。尤其值得关注的是雕像的脸部和发型。女孩乌黑的眼睛炯炯有神，头发部分向后梳去，一绺绺流苏辫和一个发髻垂在额角。这是埃及儿童典型的装扮。整个雕像固定在一个底座上，底座两侧分别简单地写着献祭母亲的名字和这位生活在三千多年前的小女孩的名字。她的形象被一位匿名的工匠用心雕刻，成为不朽之作。

女性的墓葬品中出土了不少腰带，其中一些来自君王家族，做工精致，用途仅为装饰。娜芙特貌戴着的腰带轻轻挂在臀部，造型较简单。

拉美西斯二世雕像

第十九王朝，拉美西斯二世王国

玄武岩
高 194 cm
编号 C.1380
贝尔纳迪诺·德罗韦蒂收藏

"他是埃及的阿波罗。"商博良于1824年6月到1825年2月旅居都灵，这是他第一次看到这件惊为天人的作品时所作的评价。这位法国学者被这尊如此美丽杰出的雕像彻底迷倒，而今天这件作品也毫无争议地成为都灵埃及博物馆的镇馆之宝。雕像雕刻的是埃及史上最著名的法老之一拉美西斯二世，只见他端坐在宝座上，身穿礼服，亚麻的多褶长衣显出了他的身材，头戴头盔状的王冠。法老身上有一些君主的特征，例如额上立着蜿蜒在王冠上的圣蛇标志，右手紧握赫卡权杖。雕刻在底座上、被拉美西斯二世踩在凉鞋下面的是九号的图案，象征了法老的权力。这是埃及敌对民族古老的标志，代表着他们被法老征服，臣服于法老的统治之下。而在底座的前部还刻有两个手臂被纸莎草和莲花捆绑起来的犯人，这象征着埃及军队控制着埃及南边和北边的土地。这件雕像是里福受德罗韦蒂所托于1818年在底比斯获得的丰富的古代文物"战利品"之一。

法老神情安祥，面带微笑，头戴一顶第十八王朝出现的特殊王冠。这项头饰在绘画中通常为蓝色，可能是用皮革做成的，表面贴有金色亮片，在这里用小圆形雕刻来表示。

在宝座的前部，与法老儿子相对的位置，有一尊拉美西斯二世的妻子、著名的纳菲尔塔莉王后的雕像。王后同样身穿一件多褶长衣，头上饰有嵌着日轮的牛角，日轮上还插着两根高高的羽毛。整体的服饰强调了王后的神性。

在拉美西斯二世的右边脚下，刻有一尊比例较小的雕像，刻画的是法老众多儿子中的一个。这种缩小比例的形式常常用来表现那些不太重要的人物。这个小男孩身穿带褶长衫，编着从额角垂下的厚重发绺，是埃及肖像中青少年的典型装扮。

纳菲尔塔莉的陪葬偶

第十九王朝，拉美西斯二世王国

涂上黑色松脂的木头
平均高 20 cm
编号 S.5185/5186/5182/5188
埃内斯托·斯基亚帕雷利发掘于王后谷

　　1904年，斯基亚帕雷利荣幸地发现了埃及史上最著名的王后之一纳菲尔塔莉——伟大的法老拉美西斯二世的妻子的陵墓。陵墓早已被之前的盗墓者洗劫，陪葬品所剩无几，不过从陵墓中人们还能看到古埃及史上最壮观的组画之一。位于王后谷入口不远的地下、墙壁上保存着精美的彩色壁画，刻画了王后受到众多神祇和阴界守护神们陪伴的场景。这些壁画不久前刚刚被修复。而在墓葬室里，斯基亚帕雷利发现了已破碎的粉色花岗岩做成的石棺，而王后的木乃伊也只剩下可怜的残渣。那些从盗墓者手中逃过一劫的墓葬品中，有34尊用涂有黑色松脂的木头制成的乌萨布提（陪葬偶）。这些作品看起来粗制滥造，工艺与我们所期待的王室精良制作大相径庭。每件小雕像的主要线条都是简单地用黄色油漆涂上，这样深色的背景就可以显出发套的线条、眼睛、嘴巴、项链、手中握着的锄头和身上写的碑文，按照传统做法纳菲尔塔莉的名字被写在纸卷纹内。

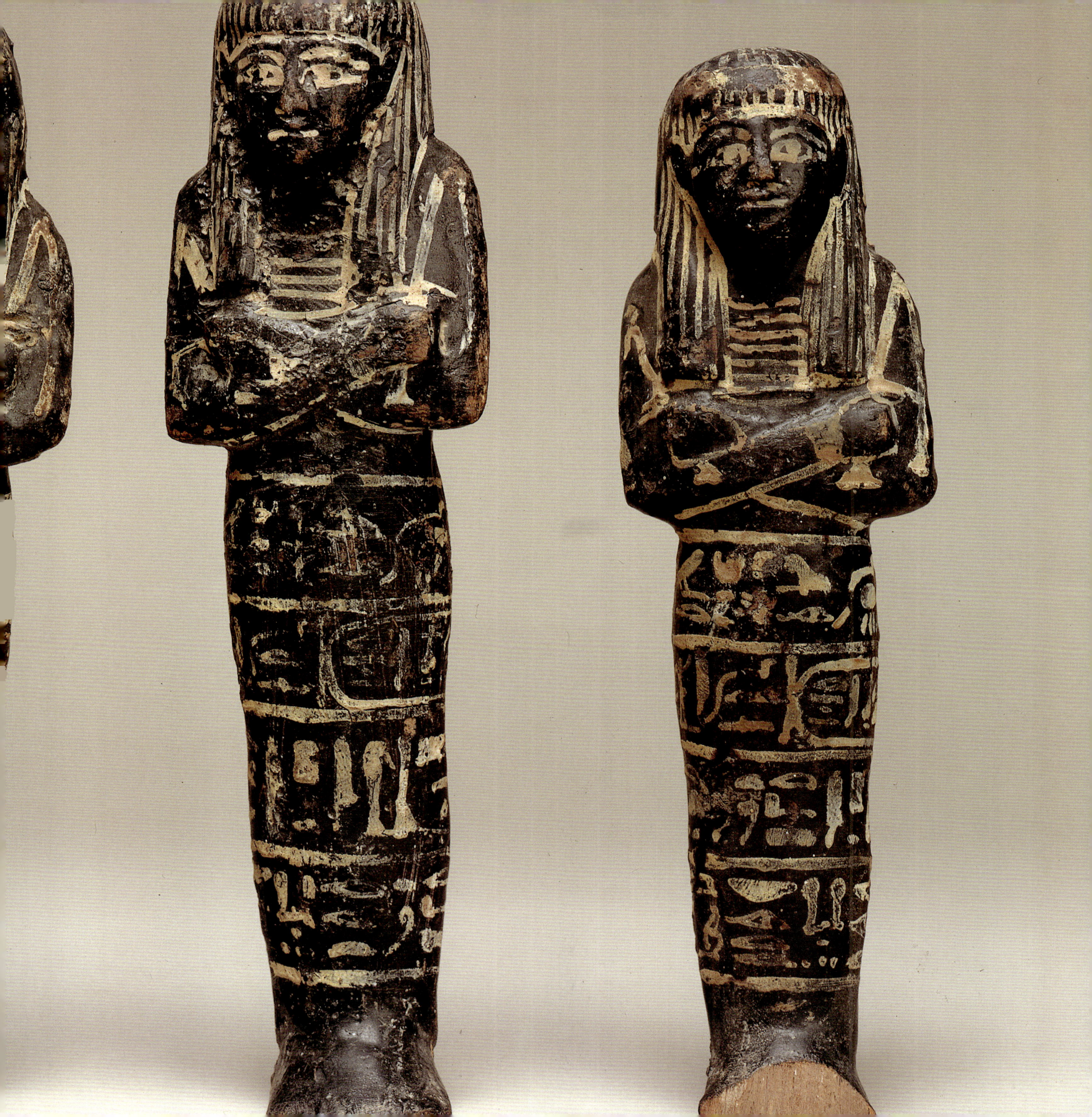

拉美西斯二世、阿蒙拉神与姆特的群雕

第十九王朝，拉美西斯二世王国

粉色花岗岩
高 174 cm
编号 C.767
贝尔纳迪诺·德罗韦蒂收藏

这件群雕作品向我们清楚地展示了在新王国时期古埃及人崇拜的主要神祇对象：阿蒙拉神。他在底比斯的卡纳克大神庙里被敬奉起来，而那里也是这件三人雕像的出土地。拉美西斯二世坐在一张带靠背的宽大宝座上，位于两位神祇中间。他右边坐着阿蒙拉神，左边坐着神的妻子姆特。这两位神以及他们的儿子孔斯，是底比斯地区大多数神庙供奉的三神。吸引观看者注意的是，雕像中三人手挽手，构成了一个肢体交错的有趣结构，这里采用的姿势一般出现在夫妻雕像中。这种姿势表明了法老与保护王国的神祇之间的紧密联系，而拉美西斯二世坐在原本属于孔斯的位置上，暗示了他就同阿蒙拉神和姆特的儿子一般。因此，法老成了生活在世间的神，起着连接神界与人间的作用，值得民众的崇拜。群雕的椅背上刻有象形文字的碑文，包括写在王衔纸卷纹内的法老王衔和名字，以及两位神祇的名字。

三个人物的脸上都带着那个时代雕像典型的微笑，人物间的身份主要靠他们的帽子来辨别，各不相同的帽子为整个构图增添了活力。这位底比斯的神是三人中唯一一位戴着柱形须套的，他头戴一项上宽下窄的低王冠，上面立有他的传统标志——两根高高的羽毛。

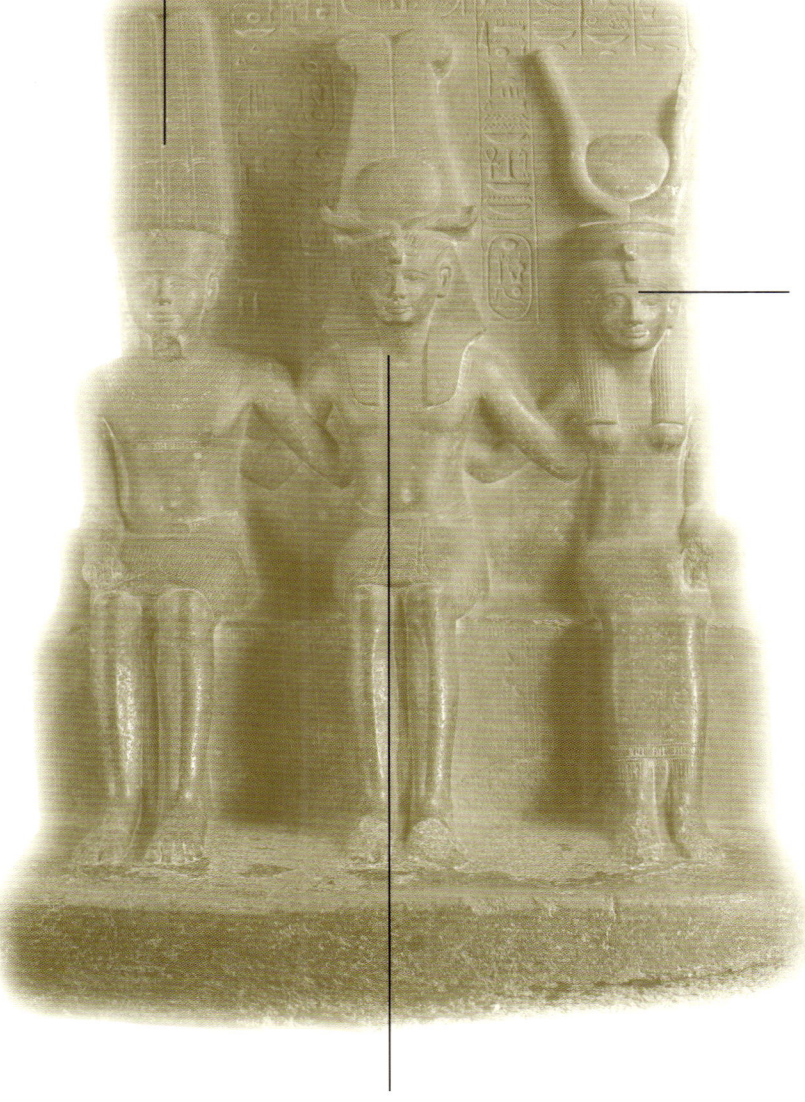

女神身穿一件贴身长衫，显出了她柔软的身体，曲线若隐若现。发套为三分式，带有典型的王室与私人女性雕像的特点。额头饰有圣蛇标志，头顶一个盆器，上面立有牛角和嵌在中间的日轮。

法老的头上饰有一切与王权相关的主要标志：围在俊美的脸庞边上的头巾，额头上饰有传统圣蛇标志，代表阿蒙神的神兽羊角，突出法老神性的日轮，以及圆顶条纹状的高耸羽毛。

奔谢纳卜雕像

第十九王朝，拉美西斯二世王国

上色石灰石
高 64 cm
编号 C.3032
贝尔纳迪诺·德罗韦蒂收藏

　　这件白色石灰石雕刻上部分涂有鲜亮的彩色颜料，十分精美。出土地是德尔麦迪那的工匠村庄，村庄位于尼罗河西岸，靠近古老首都底比斯一带。从第十八王朝伊始到拉美西斯时代晚期生活着大量的工匠，他们受命负责附近国王谷法老陵墓的建造与装饰。这些人被统一称为"真理之址的佣人"，他们的小陵墓就建造在住所内。在这些陵墓里和墓葬室中留下了大量有关他们生活的感人记录。该作品的主人奔谢纳卜也是这些"真理之址的佣人"中的一位，雕像上刻有这个称谓。他双膝跪地，向阿蒙拉神敬献一个小祭坛，祭坛上有一个庞大的羊头，挡住了敬献人的部分身体。正面还有一段赞颂神祇的碑文，奔谢纳卜用此来祈求神的保佑。雕刻者的注意力主要放在人头与羊头上，而这两部分也正是这件作品中最重要和最具表现力的部分。雕像对于敬献人的身体只是简单刻凿了多褶长裙，无过多修饰。

奔谢纳卜的脸因鲜明的色彩而变得生动起来。他的发套由梯状的长发绺组成，发套下露出的小卷发垂至肩膀。按照古埃及的流行做法，他的眼睛被涂成深褐色，而嘴巴为红色，若有生机。

在奔谢纳卜的肩上，刻有类似刺青的一个蓝色小人。雕像的敬献人以这种形式来表达他对阿蒙拉神的崇拜。他一边的肩上是阿蒙拉神，头顶上立有高耸的羽毛，手中握着瓦斯权杖，面朝另一边肩膀上的雅赫摩斯·纳菲尔塔莉女王。这位女王在德尔麦迪那村庄内受到工匠们至高无上的崇拜。

公羊是阿蒙拉神的神兽，用于献祭。阿蒙拉神被称为"两片土地（即埃及）的主"，是埃及王国的保护神，也是德尔麦迪那地区的主要崇拜神祇之一。羊头用彩色颜料涂抹，与雕像原本的白色形成鲜明的对比。

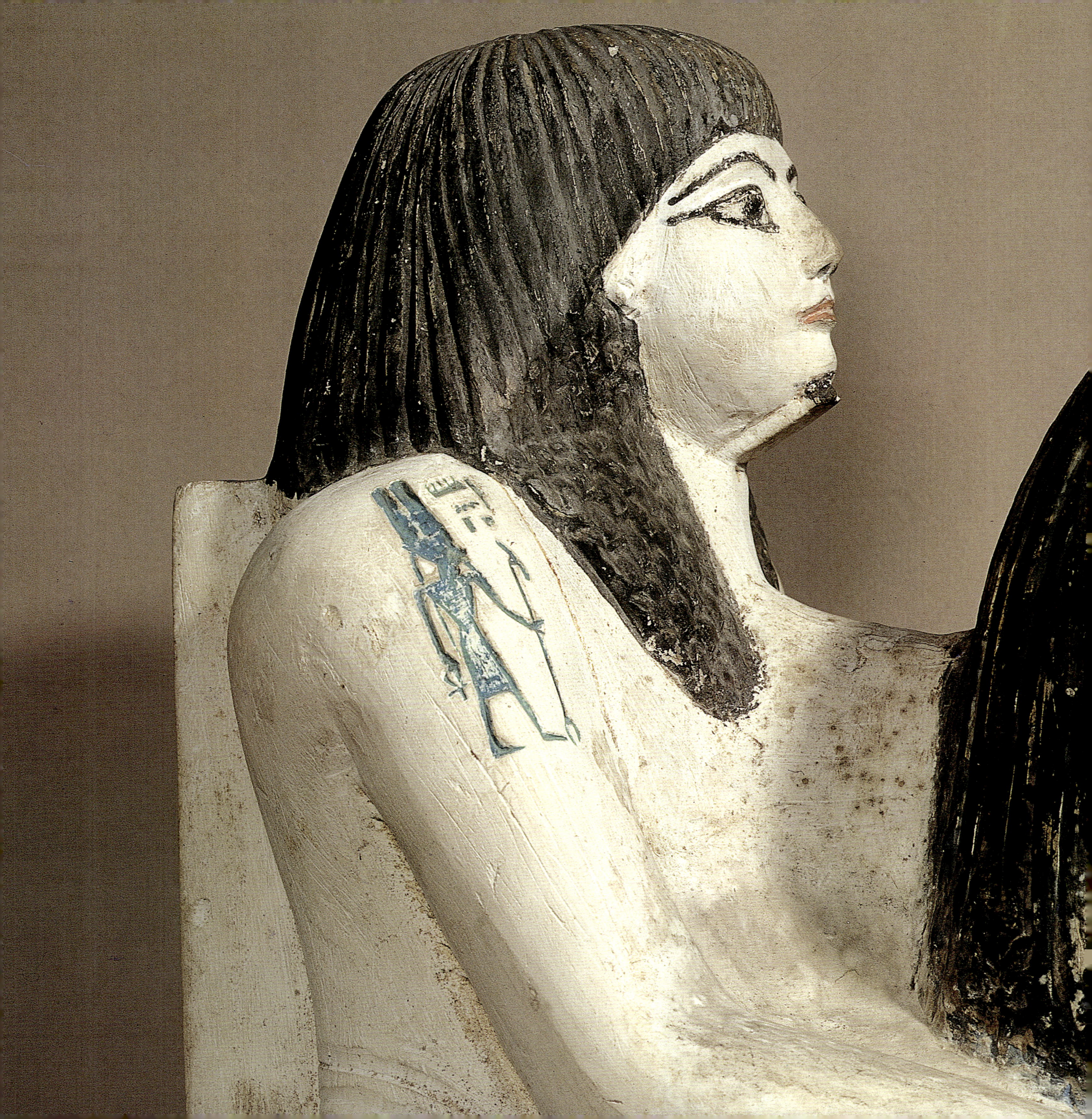

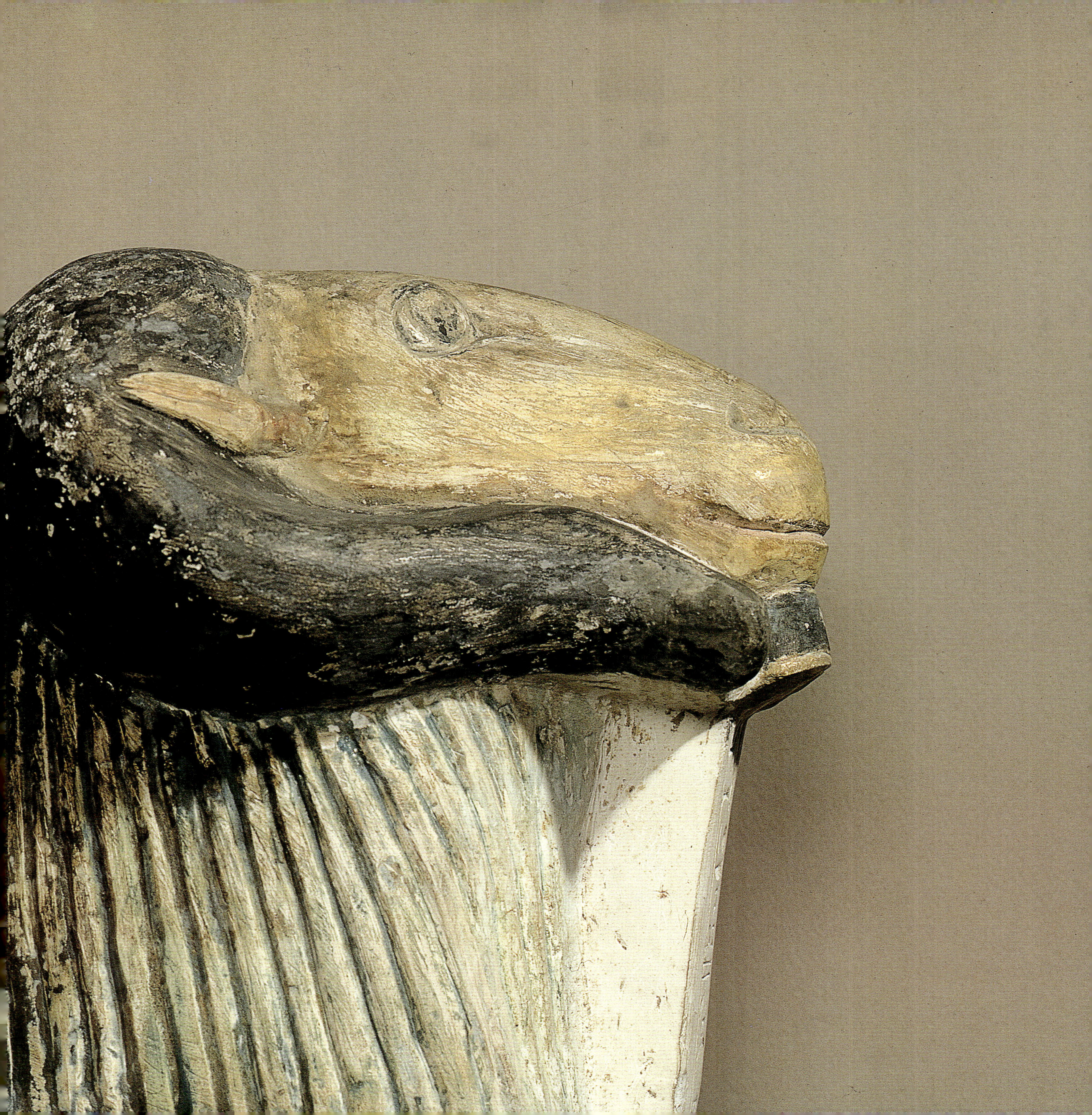

卡萨的祭堂

第十九王朝，拉美西斯二世王国

上色木头
33cm × 14.5cm × 33cm
编号 C.2446
贝尔纳迪诺·德罗韦蒂收藏

祭堂正面的木制柱头因画有象征繁殖、爱情与音乐的哈索尔女神而通常被称为"哈索尔式"。神祇的脸庞被一顶厚实的黑色发套围住，眼睛为尖形牛眼，代表了她的神兽母牛。

在一位生活在拉美西斯二世时期德尔麦迪那村庄的工匠卡萨的陵墓中，出土了这个小小的祭堂，用于敬奉神祇。它是手工制作的，木质结构完整，彩色装饰丰富，十分珍贵。据推测，这个祭堂原先安置于卡萨的住所，在他去世后成了墓葬品中的一部分。在这个工匠村庄中，尤其是拉美西斯时期，人们在家中对神与祖先进行祭拜是一种非常普遍的现象。这个祭堂的敬献者祭拜的是被称为"象岛三神"的库努姆、沙提和阿努凯特，这个岛屿位于尼罗河的第一道瀑布之下。祭堂两侧分格绘制，画的是神祇的肖像与祭拜的场面。祭堂的前部重现了古埃及传统神庙的结构，前端立有两根柱子，构成门廊，墙壁以被称为"埃及之喉"的常见凹圆式线脚封顶。祭堂大门由双扇门构成，带有圆形球锁，可由此进入祭堂。祭堂的后部墙壁画有卡萨正在祷告的场景，身旁写有祷文。

肉红玉髓
长 90 cm
编号 S.276
圣托尼收藏

项链

新王国时期

"荷鲁斯之眼"名为"瓦吉特",从文字上看意为"健康",因此具有消灾驱魔的作用。传说荷鲁斯在一场战争中被恶神塞特弄伤了一只眼睛,后来被托特神治好,从此成了健康与护身符的象征。

从前王朝时期开始,珠宝首饰便作为个人装饰品出现在埃及历史中,尽管刚开始时形态简单,但是在许多场合中却常常被赋予消灾驱魔的作用。这些项链、手镯、戒指、耳环、发冠、腰带、踝饰、胸饰等不是女性独有的,那时的男性也喜欢佩戴首饰。在王室陵墓出土的丰富墓葬品中,可以见到许多用金、银、宝石、彩色玻璃、彩陶等制成的精美饰品,体现了埃及手工匠的心灵手巧。而首饰工艺水平达到最巅峰的历史时期当数第十二王朝,在这个年代的公主陵墓中可以看到许多珍贵而精美的项链。到了新王朝时期,首饰的风格渐渐褪去了朴实,变得越来越复杂讲究,而匠人们依然坚持用手工打造优雅的样式。这件肉红玉髓做成的项链由四串小珠子串成,每小段用一颗长条形大珠子隔开,珠子状如石榴,又似荷鲁斯之眼。而另一只更大的荷鲁斯之眼位于刻有纹样的椭圆珠子对边,具有避祸消灾的作用。

塞提二世巨像

第十九王朝，塞提二世王国

粉色沙岩
高 465 cm
编号 C.1383
贝尔纳迪诺·德罗韦蒂收藏

法老身上穿着的细褶短裙因刻有一些细致入微的装饰元素而显得极为珍贵。腰带上刻着的是写有法老名字的王衔纸卷纹，裙褶上刻有一个野兽头，下摆边缘上是头顶日轮的眼镜蛇，象征了王权。

作为德罗韦蒂的收藏品之一，这件巨型雕像由里弗德于1818年在底比斯发现，通过海运于1819年到达里窝那，而这些事件都被刻在了雕像的底座上。朱利奥·科尔代罗·迪圣昆蒂诺受萨沃亚家族委托负责将所有的收藏品从热那亚运送到都灵，在1824年的一封信中，他表达了对运输方式与时间的看法以及对运输这件重量级雕像的担忧。他认为需要专门建造一个大车厢，安装在大炮架上，用16匹马来拉动。这件巨像与另一个相同的雕像最初摆放在卡纳克阿蒙拉神神庙的一级庭院中，立于塞提二世命人建造的小庙宇前面。那个相同的雕像与德罗韦蒂的第二批收藏品一起于1827年被法国购得，现藏于卢浮宫中。雕像中法老身穿正式礼服，具有一切王室标志：公羊角做成的双王冠，两侧插有羽毛，顶端立有日轮；额上饰有圣蛇标志，戴着柱形须套。巨像的底座上写有塞提二世的王衔与名字，按照传统做法写在纸卷纹内。

乌萨布提：沙岩
高 13.5 cm
编号 C.2656
小匣子：木头
高 30.5 cm，宽 25 cm
编号 C.2444
贝尔纳迪诺·德罗韦蒂收藏

乌萨布提与尼卡的乌萨布提小匣子
第十九王朝

"乌萨布提"（字面意思为"应答者"）指的是那些从中王国时期开始成为墓葬品一部分的小雕像。这些人偶的作用在于代替逝者在阴间进行劳作，使逝者能够获得新生活的必需品。因此这些雕像手中大多拿着用于垦地的锄头（但法老陵墓中这种人偶可以用王室神像来代替）和装有种子的袋子，象征未来的收获。而从墓葬中出土的乌萨布提在数量、种类和质量上各不相同。在新王朝时期，君主和社会高级阶层的个人可以拥有成百上千个陪葬偶，由彩陶、陶土、石头、木头、铜等多种材料做成。而随着时间的推移，乌萨布提的制作风格也随之改变，反映出所处年代的艺术潮流与趋势，这件尼卡陪葬偶的发型便展示了那个时期的特点。按照传统做法，这件小雕像身上写有一段文字用来表明乌萨布提已经做好准备"应答"逝者提出的请求。通常情况下，这些小雕像都被摆放在画有彩色场景的木制匣子中，正如这件尼卡陪葬偶一样。

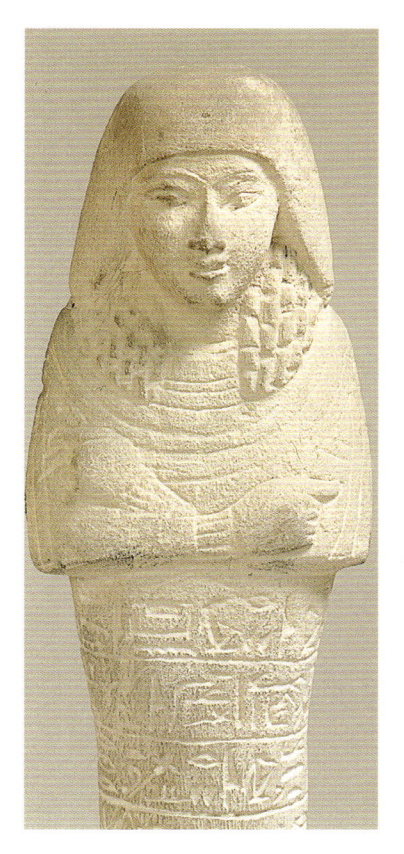

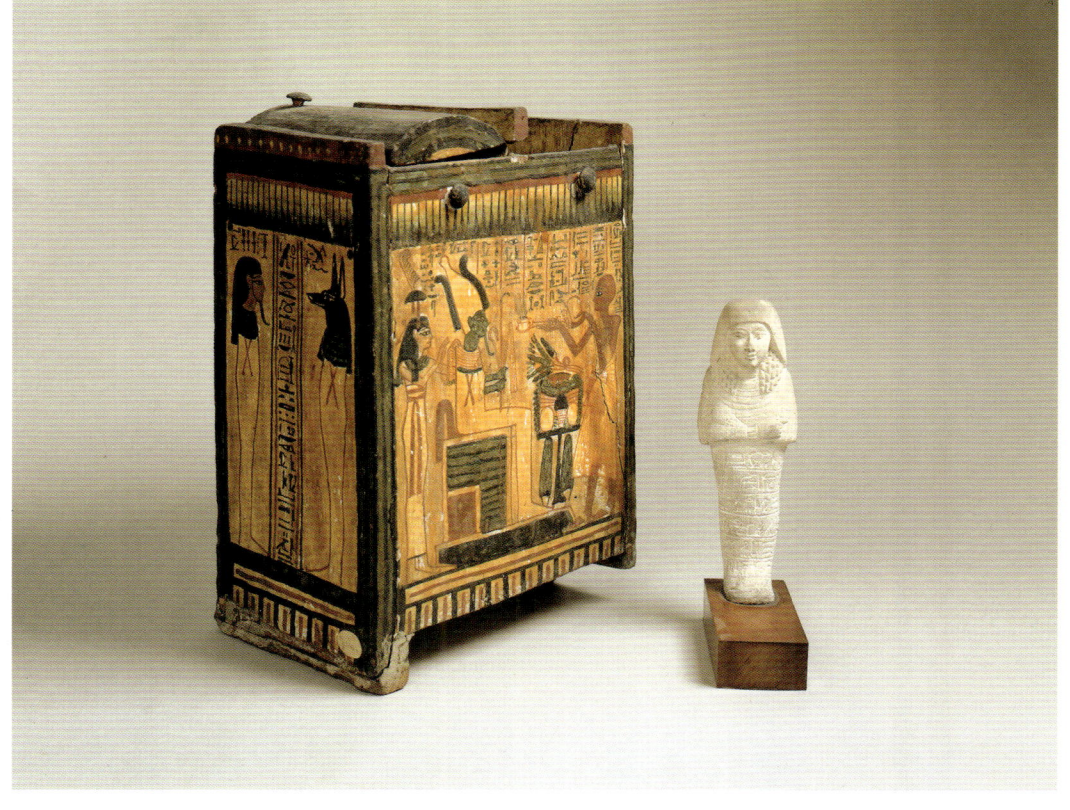

这件乌萨布提是完全按照第十九王朝的传统风格制作的，因其使用天然未上色的石头展现出精良的雕工和线条细致的脸庞而值得欣赏。

雅赫摩斯·纳菲尔塔莉小雕像

第十九王朝

上色木头
高40cm
编号 C.1388
来历古老

雅赫摩斯·纳菲尔塔莉是古埃及最著名的王后之一。作为第十八王朝第一个法老的妻子、下一任法老阿蒙霍特普一世的母亲，雅赫摩斯·纳菲尔塔莉从王权者变成女神，这种身份神化的例子在埃及历史中并不多见。距王后去世约一个世纪后，即阿蒙霍特普三世王国时期，她与儿子一起成为德尔麦迪那村庄的敬奉对象，化身为当地居民的主人与保护神。人们对雅赫摩斯·纳菲尔塔莉王后和阿蒙霍特普一世法老的敬奉主要体现在石碑与许愿肖像上，工匠们直到第二十王朝时期依然在制作这些作品。本页这件小雕像是一组相似肖像中的一座，在都灵埃及博物馆中还收藏有其他雕像，这组肖像样式统一，刻画的都是这位王后与女神。雕像中雅赫摩斯·纳菲尔塔莉正迈步前行，一只手臂沿身体一侧垂下，另一只手臂举于身前，握着花式权杖（已遗失）。她优美的身体曲线在贴身的衣服下尽显无疑，衣袖为喇叭袖，脸上的眼睛乌黑发亮，头戴发套，发套上因套着一层象征王后权力的秃鹫皮而显得十分珍贵，最顶上饰有一个盆器。

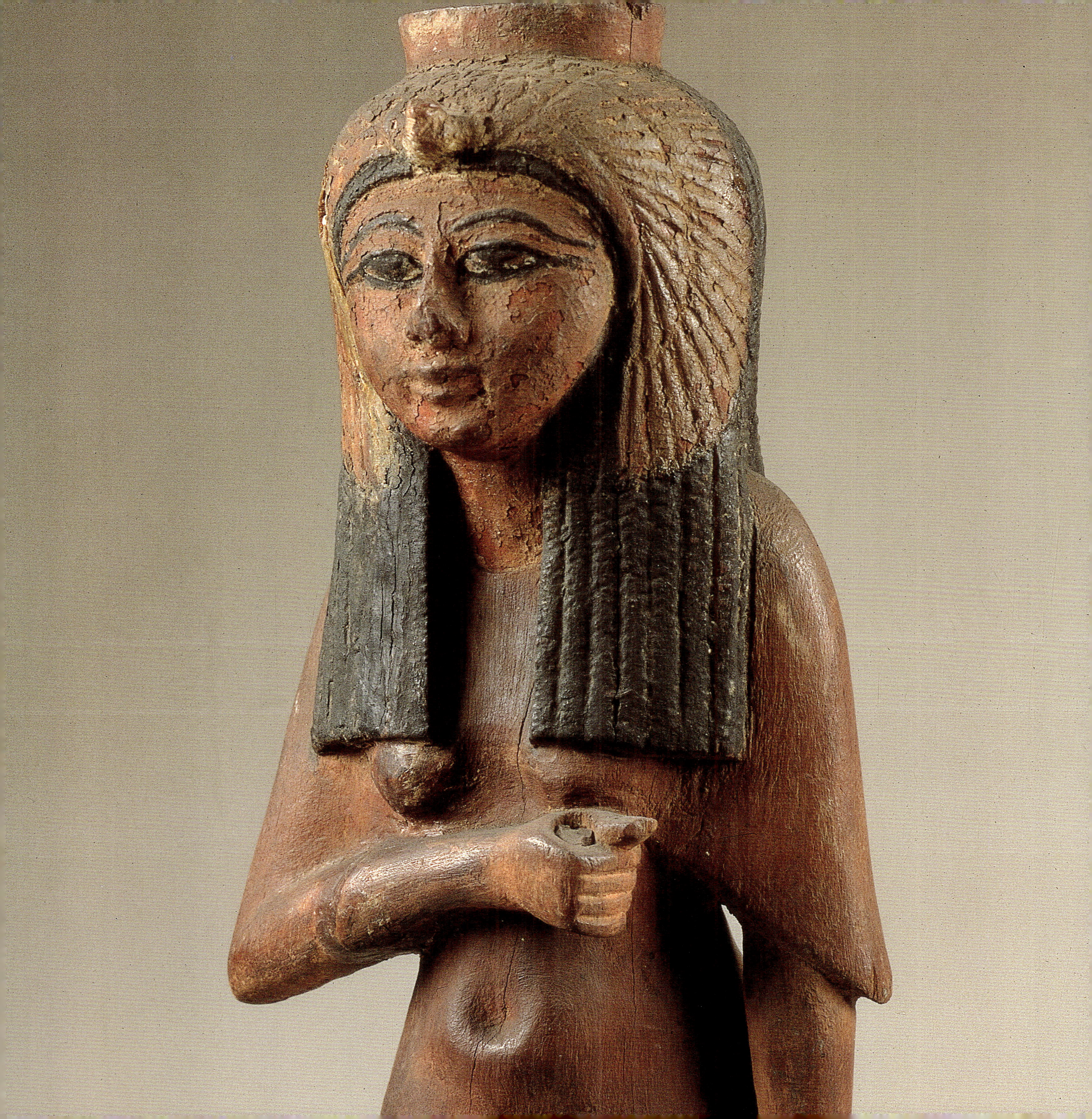

奔布伊小雕像

第十九王朝

木头
高 60 cm
编号 C.3048
贝尔纳迪诺·德罗韦蒂收藏

在德尔麦迪那工匠墓地出土的精美文物中，不得不提到这件精美的木制雕像。它来自村庄中一位生活在拉美西斯时期名叫奔布伊的居民墓中。雕像双肩上立着两尊小神像，象征着在宗教仪式下逝者得以永生。奔布伊右肩上是卜塔，左肩上是阿蒙拉神。从雕像中用心制作的细节和身体造型可以看出，工匠们的技艺已达到非常高超的水平。奔布伊的脸庞被一顶具有典型时代色彩的精致发套围住，他身穿一件长裙，展现出高水准的细木工艺，及至腰围的细密裙褶构成了微妙的明暗效果，前部因刻有象形文字而显得更为稀有。此外，两侧的小神像、神座的背面、背部的支柱和雕像的底座上都刻有碑文。这些碑文内容是传统的祭文和祷文，包含有奔布伊的名字和头衔"真理之址的佣人"，"真理之址"指的正是底比斯墓地。

阿蒙拉神不仅是全埃及的主要神祇之一，也是底比斯地区最大的神。因此，在德尔麦迪那工匠们进行其他民间神祇的敬奉仪式时总会将阿蒙拉神一并敬奉。在这里阿蒙拉神上身赤裸，身穿短裙，双手放于膝盖上，头上原有的王冠已遗失。

在古埃及传统中，卜塔神被认为是工匠的守护神，因此在德尔麦迪那地区广受崇拜。在雕像中神祇按照传统肖像方式进行制作，头戴无边紧帽，佩有柱形须套，身穿贴身衣服，手中握着象征权力的瓦斯权杖。

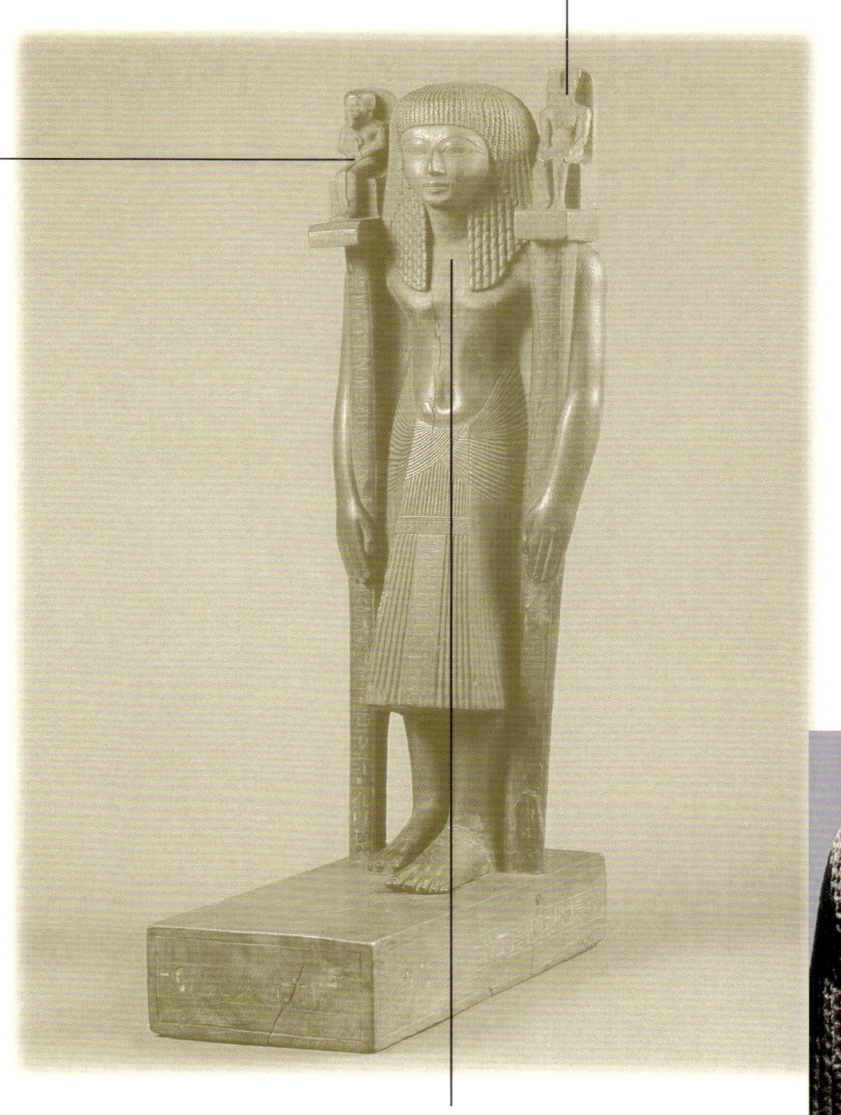

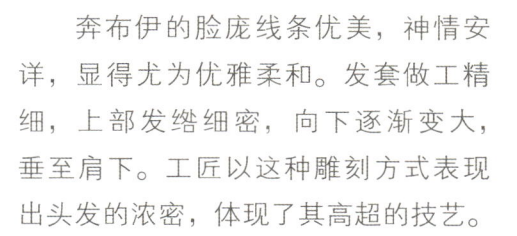

奔布伊的脸庞线条优美，神情安详，显得尤为优雅柔和。发套做工精细，上部发绺细密，向下逐渐变大，垂至肩下。工匠以这种雕刻方式表现出头发的浓密，体现了其高超的技艺。

乌塞萨特石碑

第十九王朝

石灰石
17cm×14cm
编号 C.1546
贝尔纳迪诺·德罗韦蒂收藏

从德尔麦迪那的工匠村庄中出土了许多民间祭拜用品，这些祭拜用品形式虽简单，却为我们展现了民间的个人崇拜形式。这种崇拜与通常在埃及大型庙宇中的国家祭祀不同，更多的是与当地信奉神祇的习俗相关联。本页中的这块小石碑做工并不十分精细，是一位可能为村庄工匠的叫作乌塞萨特的人敬献给女神奈贝忒特佩的。竖行上的文字写有女神的名字与颂语"倾听祷告的天神"，而石碑下方则写着"乌塞萨特制作"的象形文字。值得关注的是这块石碑上的装饰，虽然简单，却意味深长。两对耳朵形态真实，耳孔处还刻有小孔，能够迅速地吸引观看者的注意。这种稚气的创作方法表明了乌塞萨特希望女神能够竖起耳朵倾听他的祷告，从而允诺他的祈求。奈贝忒特佩是埃及众神中一位地位较低的女神，来自赫里奥波里斯地区，却在德尔麦迪那受到崇拜，对她的祭拜仪式甚至与更为知名的哈索尔女神相似。

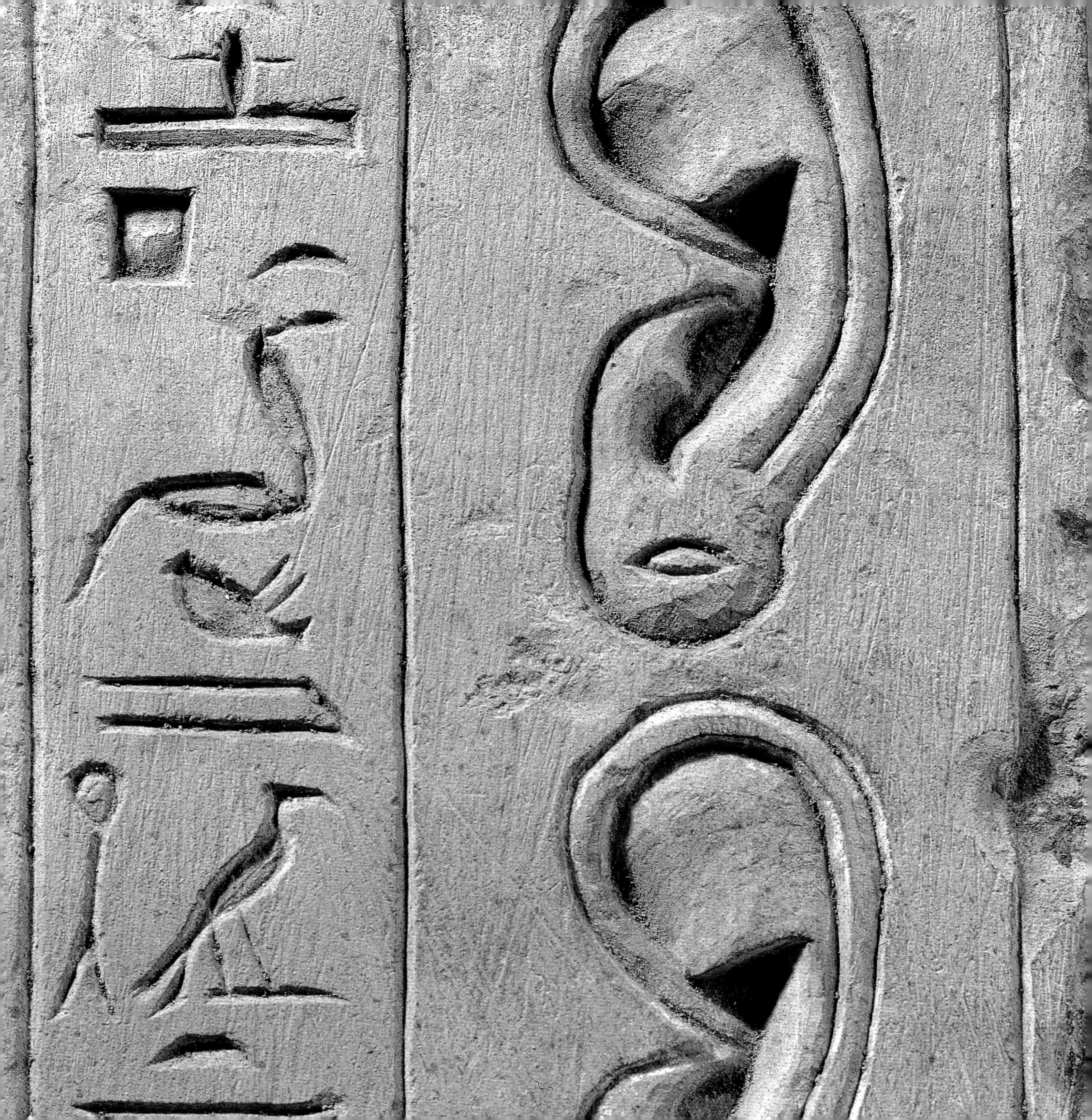

拉莫斯金字塔

第十九王朝

石灰石
高 70 cm
编号 C.1603
贝尔纳迪诺·德罗韦蒂收藏

在德尔麦迪那的墓地中，每个工匠的地下陵墓上方几乎都有一个用于举行葬礼的祭堂。这些用于祭拜的小空间如今在村庄中成为山坡一景，它们都是严格按照一定的建筑规格来建造的：在生砖筑成的拱顶祭堂上方，矗立着一个尖顶石制的金字塔。本页中的这件属于誊写师拉莫斯的金字塔，四面按照传统刻有与太阳崇拜相关的图案。其中一面刻画的是拉·哈拉克提神（众拉神与地平线上的荷鲁斯融为一体），以鹰的形象出现，头顶日轮，日轮被眼镜蛇所包围。在另一面上同样刻有荷鲁斯的形象，人身鹰头，眼镜蛇环绕着日轮。其余的两面则刻着类似的情景：拉莫斯身穿褶皱长衣，头戴由细密发绺做成的厚重头套，呈站立姿势，双臂上抬，向刻在其他平面上的拉·哈拉克提神致敬。人像下方刻有象形文字，写有神和誊写师拉莫斯的名字，其中拉莫斯被称作"正确者"，表明了他的身份。

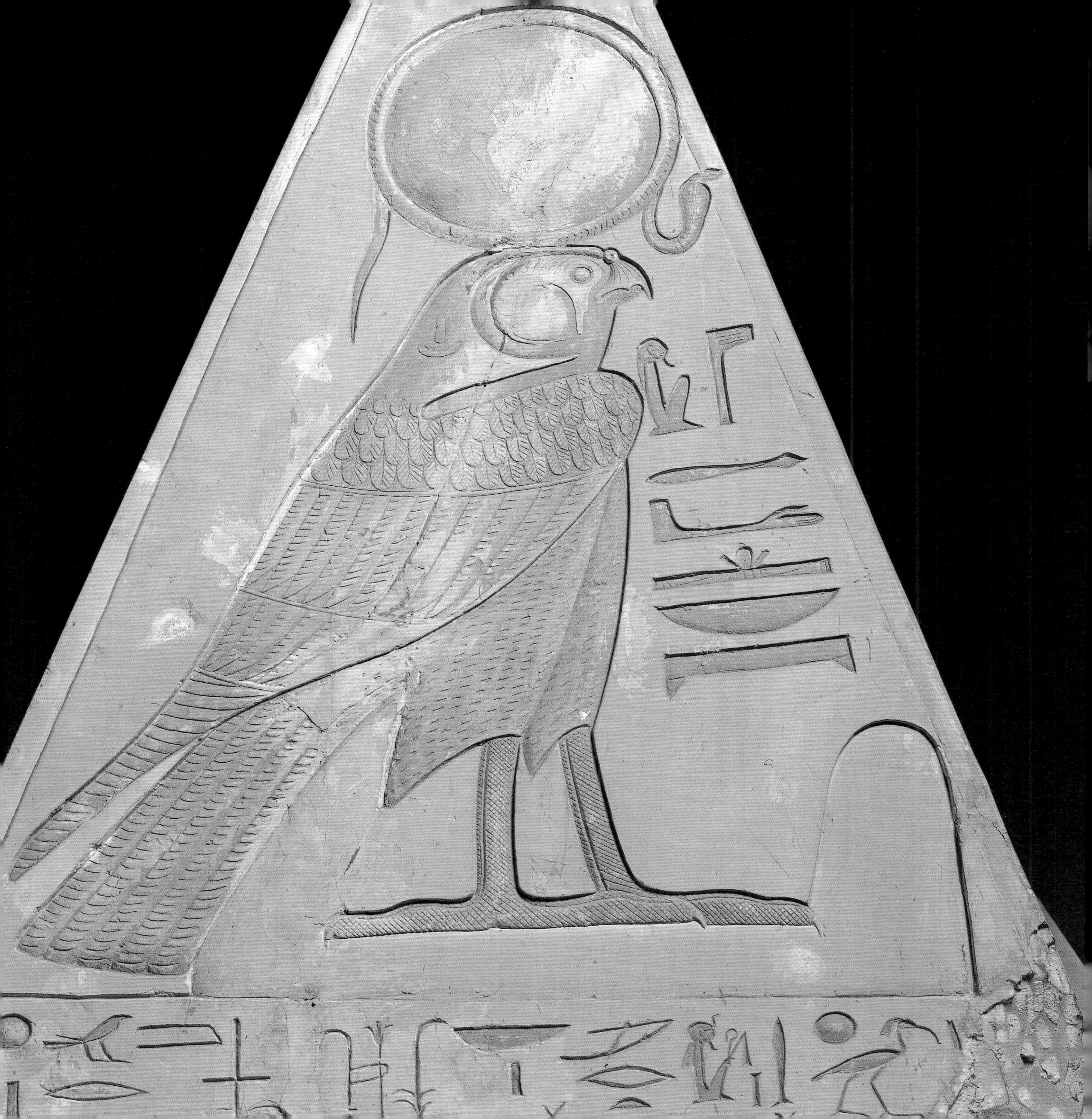

舞者瓦片

第十九王朝

石灰石
10.5 cm × 16.8 cm
编号 C.7052
贝尔纳迪诺·德罗韦蒂收藏

希腊语"奥斯特拉孔"（字面意义为"碎瓦片"）指的是表面画有图案或写有文字的陶瓷或石灰石的碎片。在古埃及这种陶片的使用非常广泛，因为比起昂贵稀有的莎草纸，瓦片价格低廉且更容易获得。人们用这些瓦片做临时注释、画草图、打草稿、完成学校作业或写书信，一小段时间后便可以扔掉。在德尔麦迪那村庄中出土了成千上万块瓦片，主要发现于住宅边缘的大型垃圾废弃场内。这块瓦片极有可能就是在这个地方出土的，并成为都灵埃及博物馆中最精美的作品之一。在这片石灰石片上，一位杂技舞者的形象栩栩如生，展现了创作者手法的成熟。在这位无名艺术家笔下，女孩身着一件打结的短裤，身体线条紧实。人物姿势罕见，但十分自然且真实，显出了高超的绘画技巧。其细节尤为令人瞩目：细长的四肢，精致的面庞，如瀑布般的头发垂至地面。唯一不太真实的是耳环固定在脸颊上，没有随重力往下垂，不过并不要紧。整个画面优美和谐，毫无疑问是一件杰出的艺术作品。

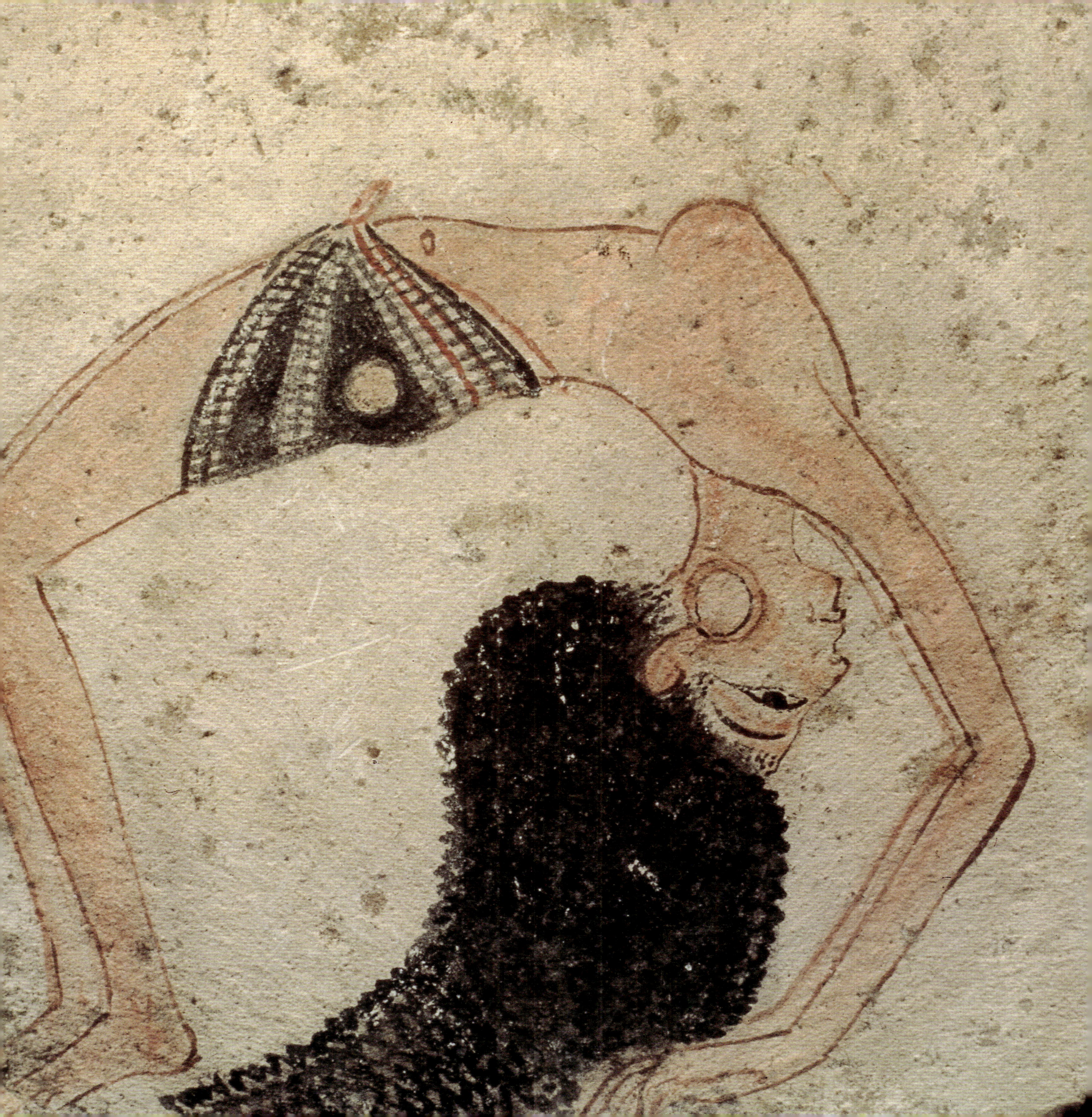

塔沃里特小雕像

第十九王朝

经粉刷、上色的木头
高 40 cm
编号 C.526
贝尔纳迪诺·德罗韦蒂收藏

　　从德尔麦迪那出土的大量文物向我们展现了新王国时期生活在村庄里的工匠们的日常生活情形。从20世纪起，从当地墓地里出土的物品让我们看到了他们生活的不同方面，如工作组织、家庭关系、饮食结构、休闲活动、教育培训、丧葬仪式及宗教信仰等。这些相关的风土人情使德尔麦迪那这个封闭的社会成为我们一窥当时埃及人生活的一扇独特而具有代表性的窗户。在宗教信仰方面，村庄中崇拜和祭祀的对象大部分为地位较低的神祇，例如这位塔沃里特女神，从古王国时期起便受到崇拜。在这件木制雕像中，女神被赋予了典型的滑稽相貌：河马的脸部与身体，鳄鱼的尾巴。塔沃里特这个名字在古埃及语中意思为"高大的女性"，通常与家庭环境相结合，被认为是房屋、睡眠、儿童与母亲的保护神，因此她的形象常常为怀孕的模样。从底座上的刻字可以得知，这件小雕像是由德尔麦迪那一位誊写师及制图员巴拉霍特普和他两个儿子敬献给女神的。

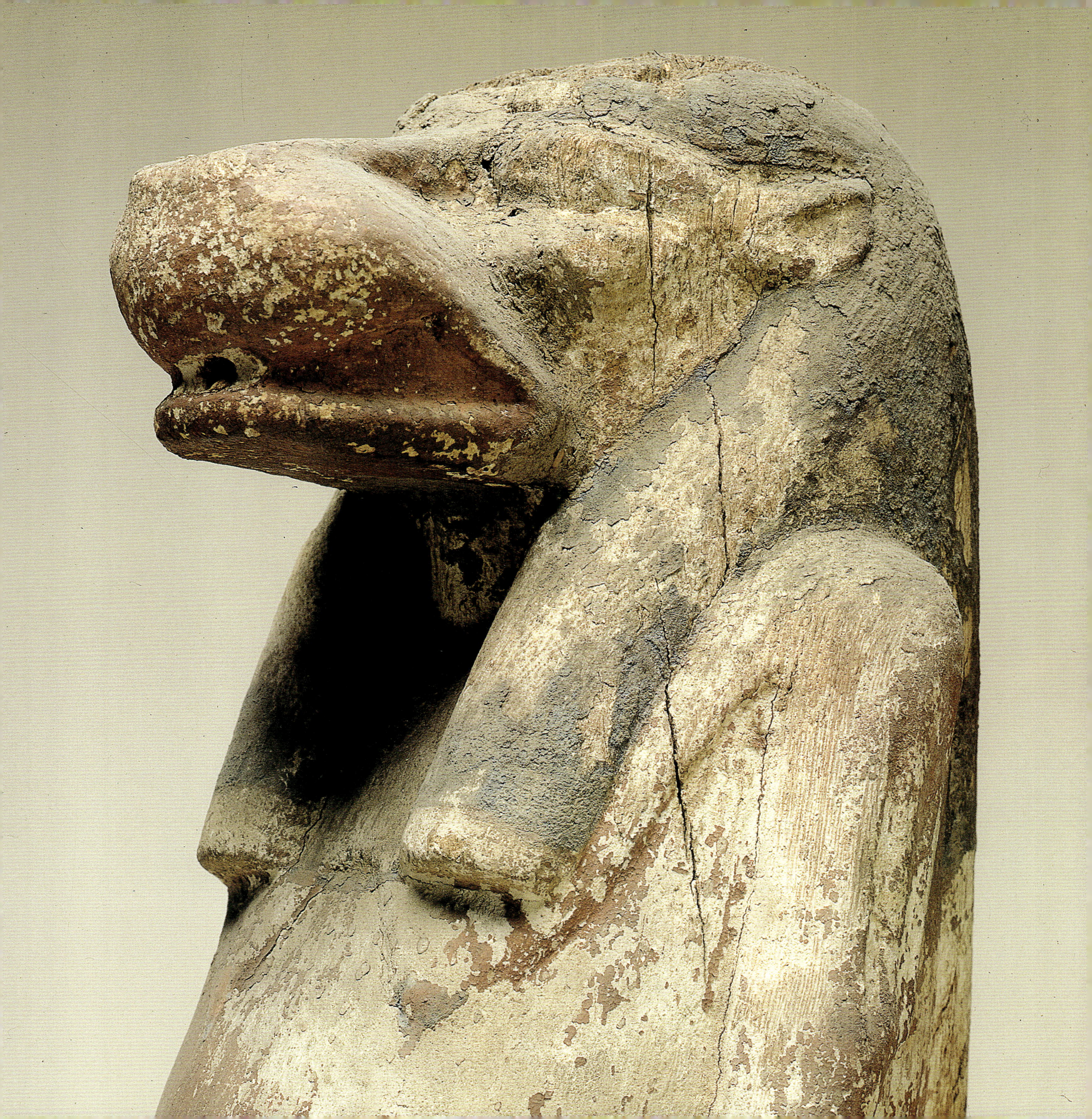

麦里特塞盖尔小雕像

第十九至二十王朝，拉美西斯王国

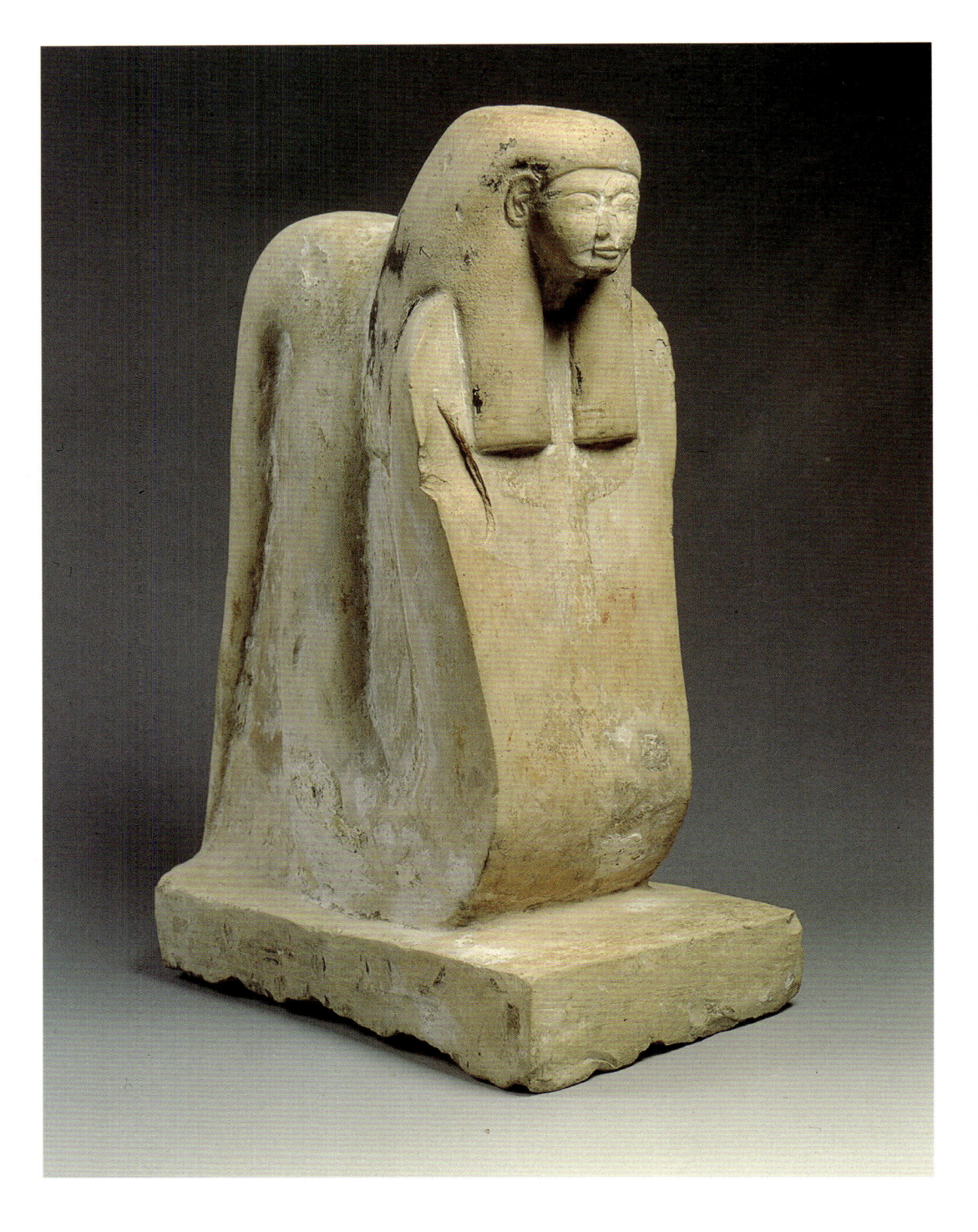

石灰石
高 39cm，宽 15cm，深 30.5cm
贝尔纳迪诺·德罗韦蒂收藏

神祇的女性面部特征以浅雕的形式刻在石灰石上，与蛇形身体自然地结合在一起。厚重的发套戴在娇小的头上，衬托出身形的蜿蜒柔软。

在德尔麦迪那地区有一位深受人们喜爱的蛇形女神麦里特塞盖尔，这个名字的意思为"喜欢沉默的人"。这个名字颇为适合这位神祇，她被认为是底比斯墓地所在山峦的化身，这座山峦正是一个寂静的地方。工匠们为她建造了一个小小的岩石祭堂，位于连接村庄到王后谷的小路上，王后谷埋葬着许多君王的妻子和后代。对这位女神的崇拜是德尔麦迪那村庄中宗教仪式的重要内容，但这座雕像却远离埃及的大型庙宇和庄严仪式。村庄中的工匠们为女神制作了大量的雕像、石碑及陶片，表现了人们对她的敬畏之情，因为她保护、惩罚并宽恕人类。在这些作品中，麦里特塞盖尔外形多变，但却总是与她的神兽眼镜蛇相关联，有时是人身蛇头，有时是蛇身人头，有时甚至是一条完整的蛇的形象。这件雕像中麦里特塞盖尔以最常见的形象出现，即柔软蛇身结合女性头部，头上戴着一顶三分式发套，发套上原本还应当饰有一个盆器。

祭司小雕像

拉美西斯王国

黑石
高 22 cm
编号 C.3035
贝尔纳迪诺·德罗韦蒂收藏

祭司的头部与公羊的头部高低错开，让观看者从正面亦可不被遮挡地完整欣赏到作品。祭司戴着的大项链是从第十八王朝起就十分流行的项链样式。

这件精美小巧的雕像刻画的是一位背靠支柱的埃及祭司，应当属于祭拜用品。由于雕像上没有任何刻文，因此无法辨识敬献者的身份，只能推测是底比斯阿蒙神的祭司。祭司手中捧着一个小祭台，祭台上摆放的是阿蒙神神兽公羊的头部。尽管雕像尺寸较小，却能够从中看到许多精心制作的细节。人物为光头男子，形象栩栩如生，揭示了他祭司的身份，因为在当时担任祭司的男子都要将头发和身体毛发剃净，谨遵教会对饮食、起居和服装的要求。例如他们只能够食用一些规定的食物，每日需多次净身，只能穿着亚麻布衣和纸莎草凉鞋。雕像中祭司脖子上紧戴着一串由两排大珠子串成的项链，穿着多褶长衣与凉鞋，隐约可见鞋上的带扣。人物的身体只能看到约四分之三的部分，恰到好处地展示出了正在迈步的身形，仿佛是从石头中走出来似的，令人印象深刻。

金矿莎草纸图

第二十王朝，拉美西斯四世王国

莎草纸
41 cm × 283 cm
编号 C.1879/1969/1899
贝尔纳迪诺·德罗韦蒂收藏

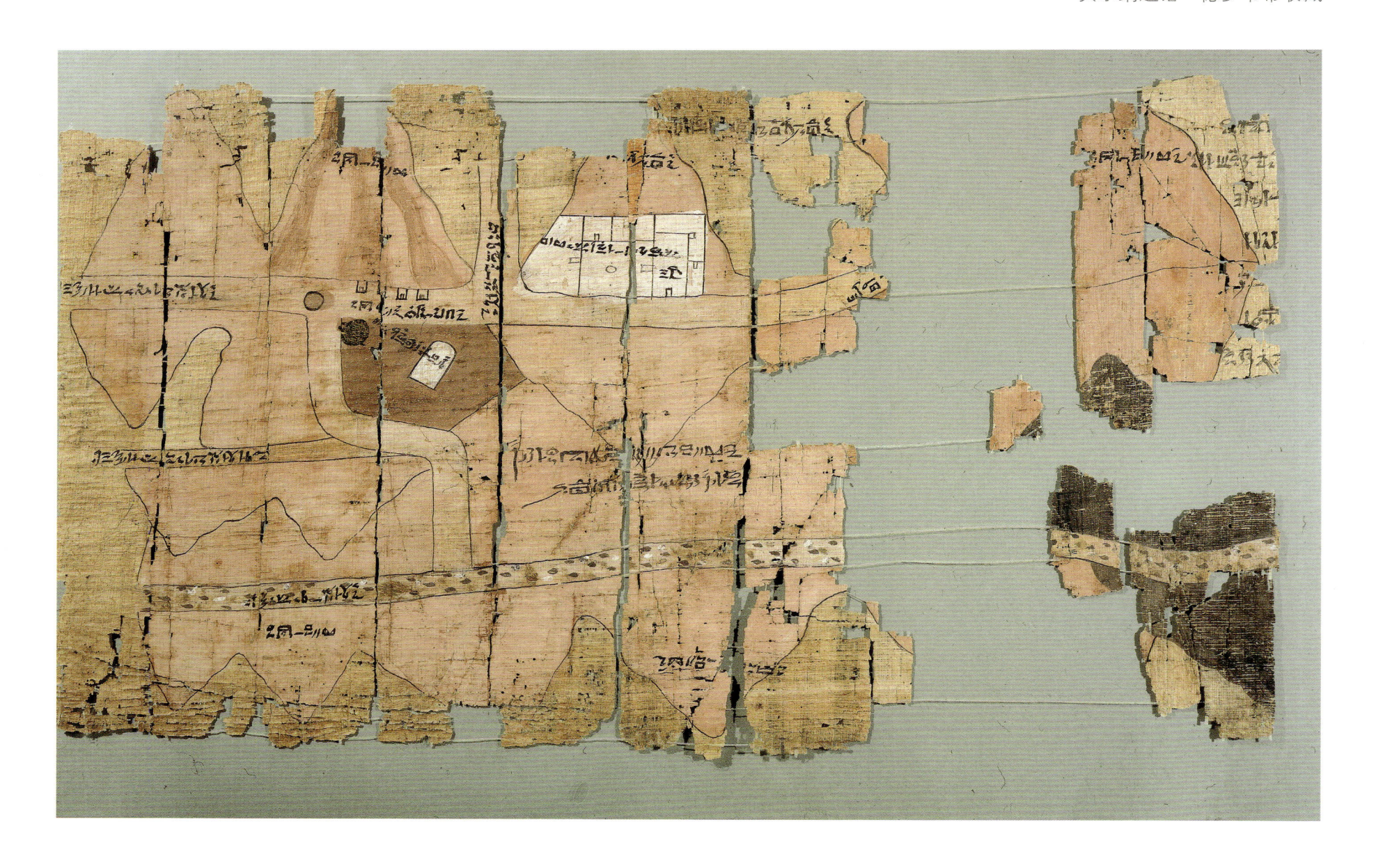

　　底比斯地区出土的这件独一无二的文物，绘于法老拉美西斯四世时期（公元前7世纪中期）。这张莎草纸尽管有些破碎，却是世界上最古老的地图之一，它不仅向我们展示了古埃及人深厚的地理知识，还展示了他们的推测能力与大幅制图能力。这张纸卷上描绘的是哈马马特干谷地区，该地区位于尼罗河谷与红海之间。早在远古时期，法老们便已派人到上述地区进行建造用石的开采和金矿的挖掘。为了完成使命，这些人需要深入到荒漠地带的崇山峻岭中去。地图上画有从同一起点延伸开来的道路与多石地带，蜿蜒于各山之间，不同的矿石情况用不同颜色进行标记，其中便包含有分布于其中的金矿矿脉。从平面上看山峰在路的两侧是颠倒过来绘制的，每个部分都写有详细的解说词，旨在为那些长途跋涉者提供准确的路线指引。地图上还画有一个村庄的概况图（白色部分），村庄周边立有一块石碑（同为白色部分），用于纪念塞提一世王国时期前人在哈马马特干谷地区的远征。

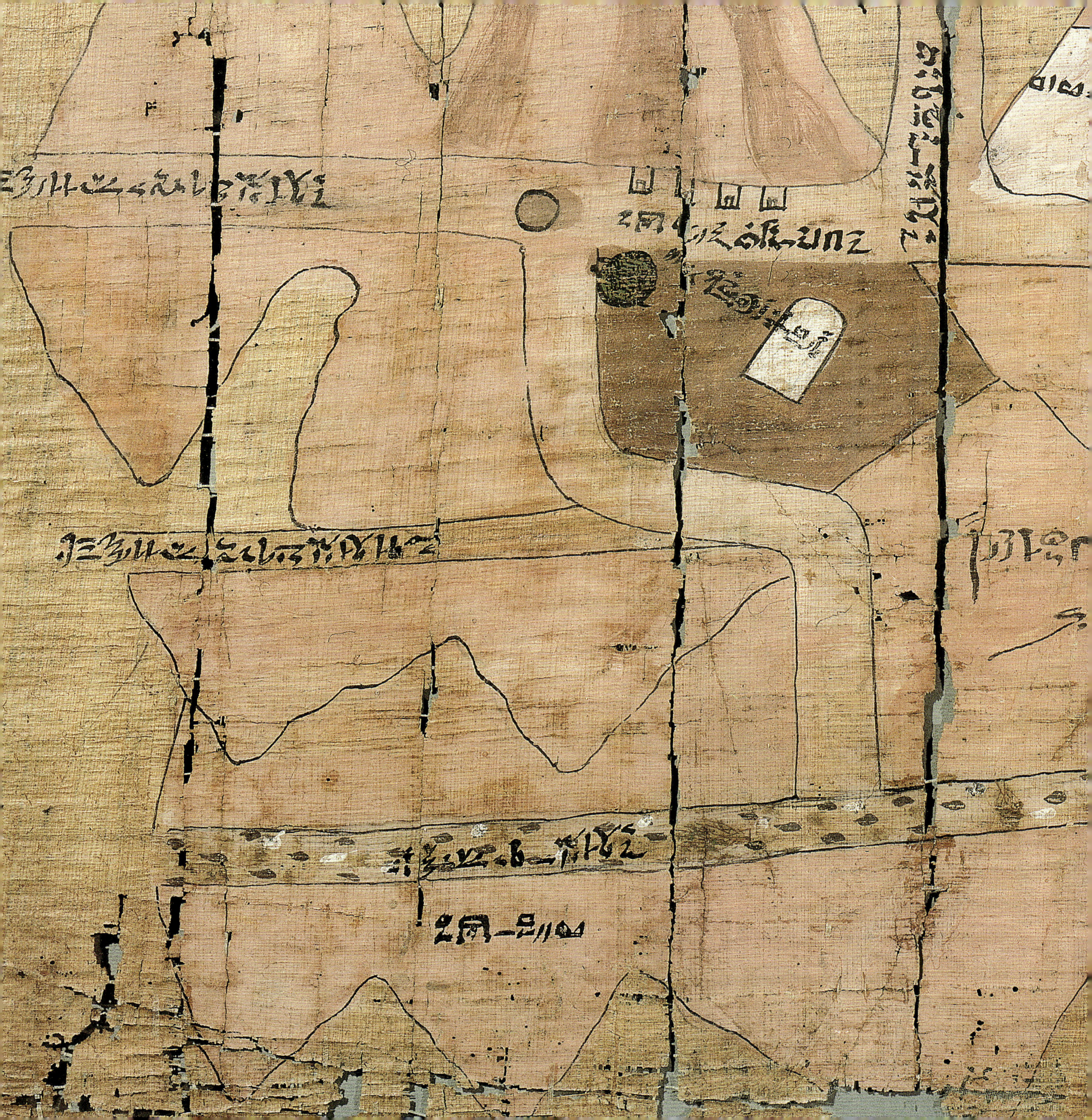

拉美西斯四世陵墓的莎草纸平面图

第二十王朝，拉美西斯四世王国

莎草纸
120 cm × 33 cm
编号 C.1885
贝尔纳迪诺·德罗韦蒂收藏

　　莎草纸体现了古埃及人制作平面建筑图纸的能力（这里的比例为 1∶28）。这张平面图为拉美西斯四世陵墓的平面图，陵墓在国王谷中编号为二。这张图纸应当是工匠们（建筑师、雕塑师和画师）建造陵墓时用以参照的，整体建筑呈针筒形，通过在山体斜坡中挖掘空间与通道来实现，为典型的底比斯地区王室地下陵墓样式。这张莎草纸只保存下来一部分，上面用粉色标出岩层结构，岩石上用红点和黑点做标记，与我们已经看过的金矿莎草纸图方法一样，是一种常见的标记方法。黑色细线表示的是地下空间与通道门，旁边用圣书字写有各个房间的尺寸及每面墙壁上的装饰类型。图纸正中央是一个大墓葬室，里面有多个棺木用来保护王室石棺。20 世纪初英国人卡特与加德纳验证了这张莎草纸上所绘的结构与拉美西斯四世陵墓的结构是基本一致的，可见当时的工程至少在墓室部分是严格按照图纸来建造的。

从图上可清楚地看到，墓葬室后面的空间处于底比斯山脉的后侧边缘，墓葬室被山脉紧紧包围。陵墓中的这几个房间与图纸较为不符，也许是因为法老的突然去世迫使工匠们缩短了建造时间。

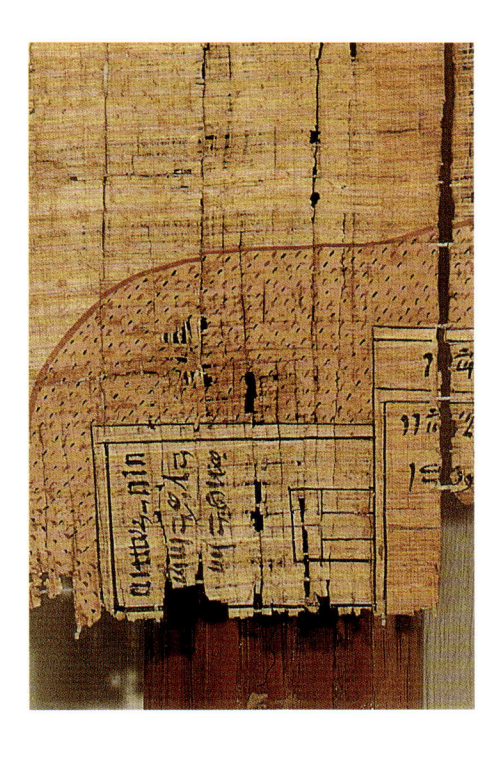

那些连通过道与房间的门都由门楣、门框及门扇组成，建成后门扇将关上并密封。门、陵墓墙壁及墓室所在的山丘在地图上都是颠倒过来绘制的，这样可使成画后整个视野显得和谐统一。

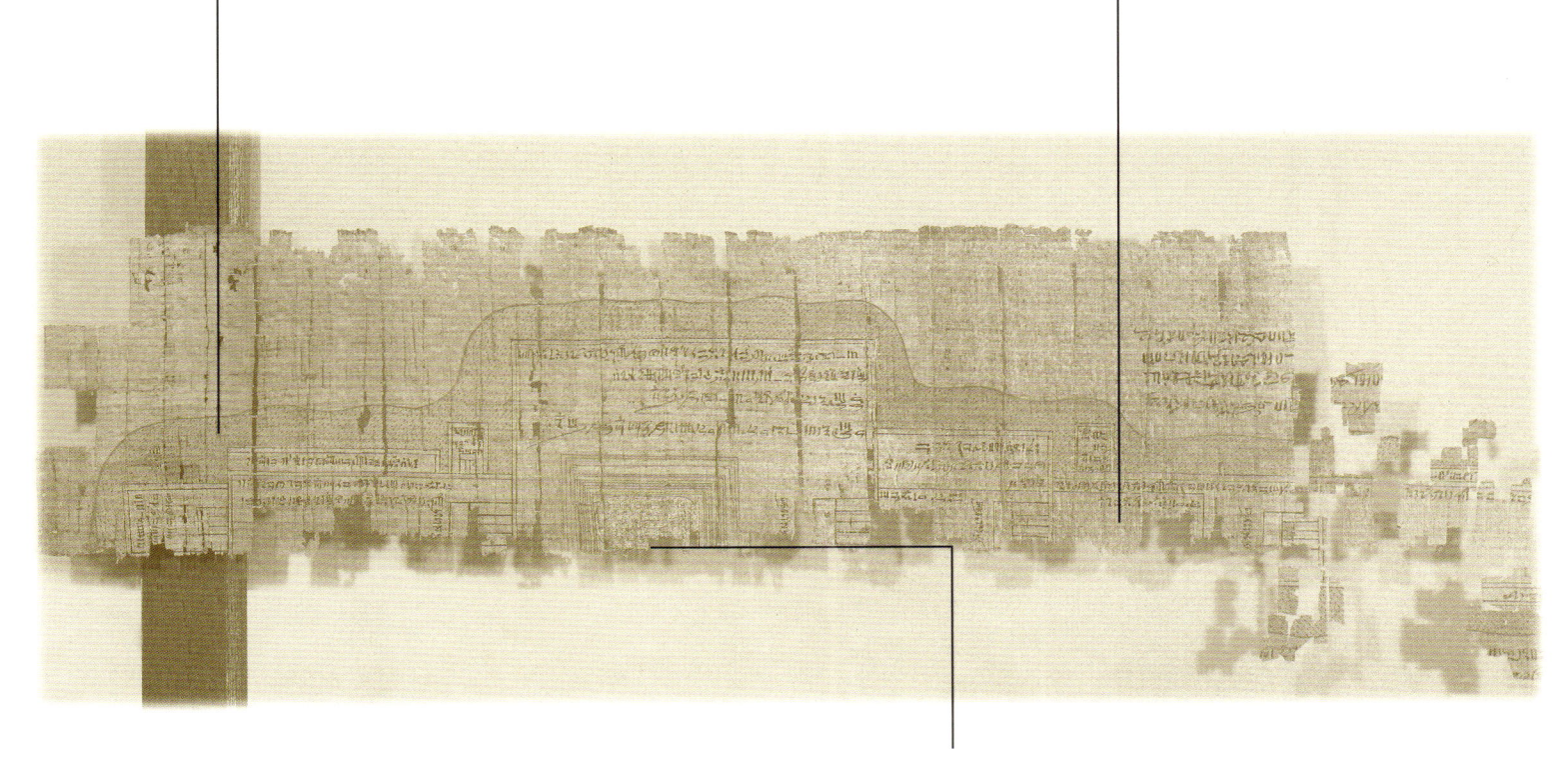

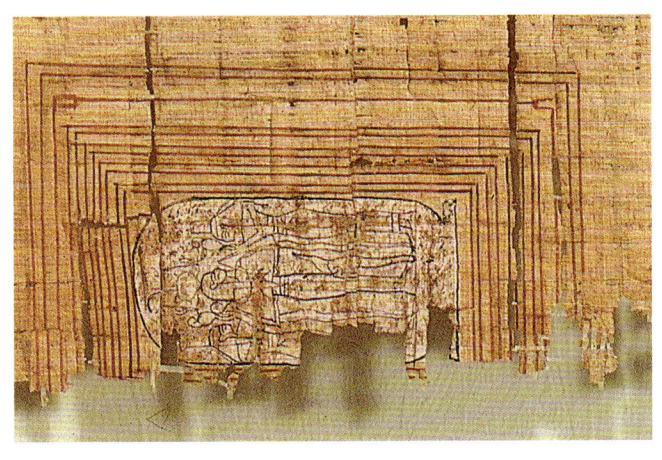

在墓室的中央可以清楚地看到石棺的棺盖，为纸卷纹状，上面画有法老及两侧的伊西斯和奈芙蒂斯女神，以及一些王室标记。以石棺为中心的同心圆红线代表了层层嵌套的棺木，与图坦卡蒙的陵墓布置相似。

带着囚犯的法老小雕像

第二十王朝

沙岩
高 58.5 cm
编号 C.1932
贝尔纳迪诺·德罗韦蒂收藏

　　法老战胜敌人取得胜利是埃及艺术中的传统主题，带有明显的政治宣传目的。这种作品通常展示的是法老面对边境民族，尤其是努比亚地区和亚洲地区各民族时的力量对比与对他们的征服，这样的主题不仅出现在雕塑中，还出现在浮雕与壁画上。到了新王国时期，对这种胜利场面的刻画变得十分常见。本页中这件第二十王朝时期创作的雕塑表现的正是这个主题。作品将人与动物融合为一体，人物的动作显得有些粗鲁，表现了这位拉美西斯时期的君主带领军队战胜敌人的场景，敌人被象征王权的一头猛狮牢牢咬住。法老头戴王冠及简约的圣蛇标志，迈步向前，手中拖着正在咬噬敌人肢体的猛兽。作品并不精美，艺术价值亦不高，雕像上唯一的色彩与活力在于法老黑色的眼睛。考虑到创作时间正处于埃及慢慢走向衰落的年代，我们推测这尊雕塑并没有反映出当时王权的真实情况，而只是机械地按照越来越空洞却一成不变的雕像制作手法来展示法老凯旋的主题。

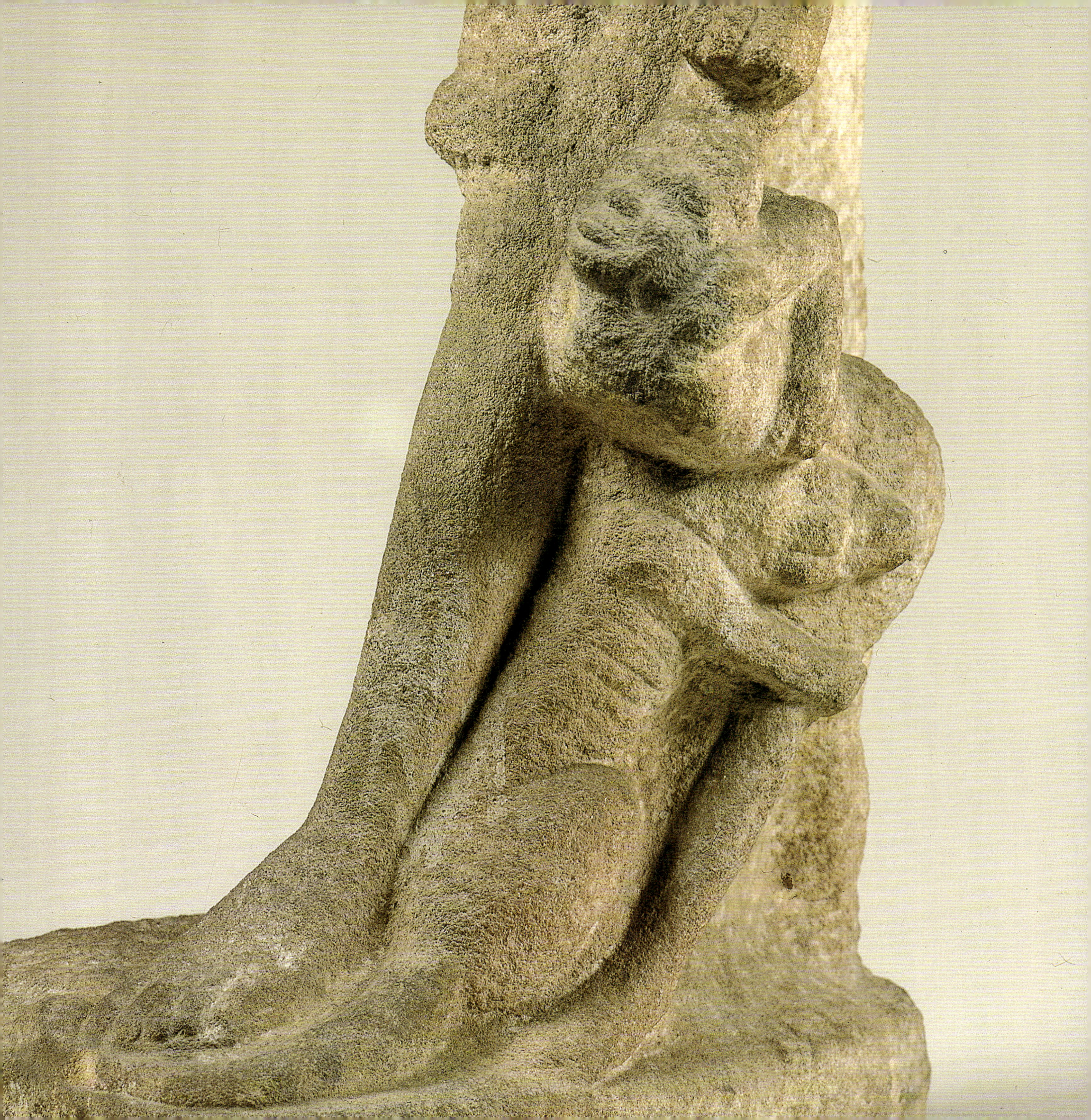

王室莎草纸

第二十王朝

莎草纸
183 cm × 40 cm
编号 C.1874
贝尔纳迪诺·德罗韦蒂收藏

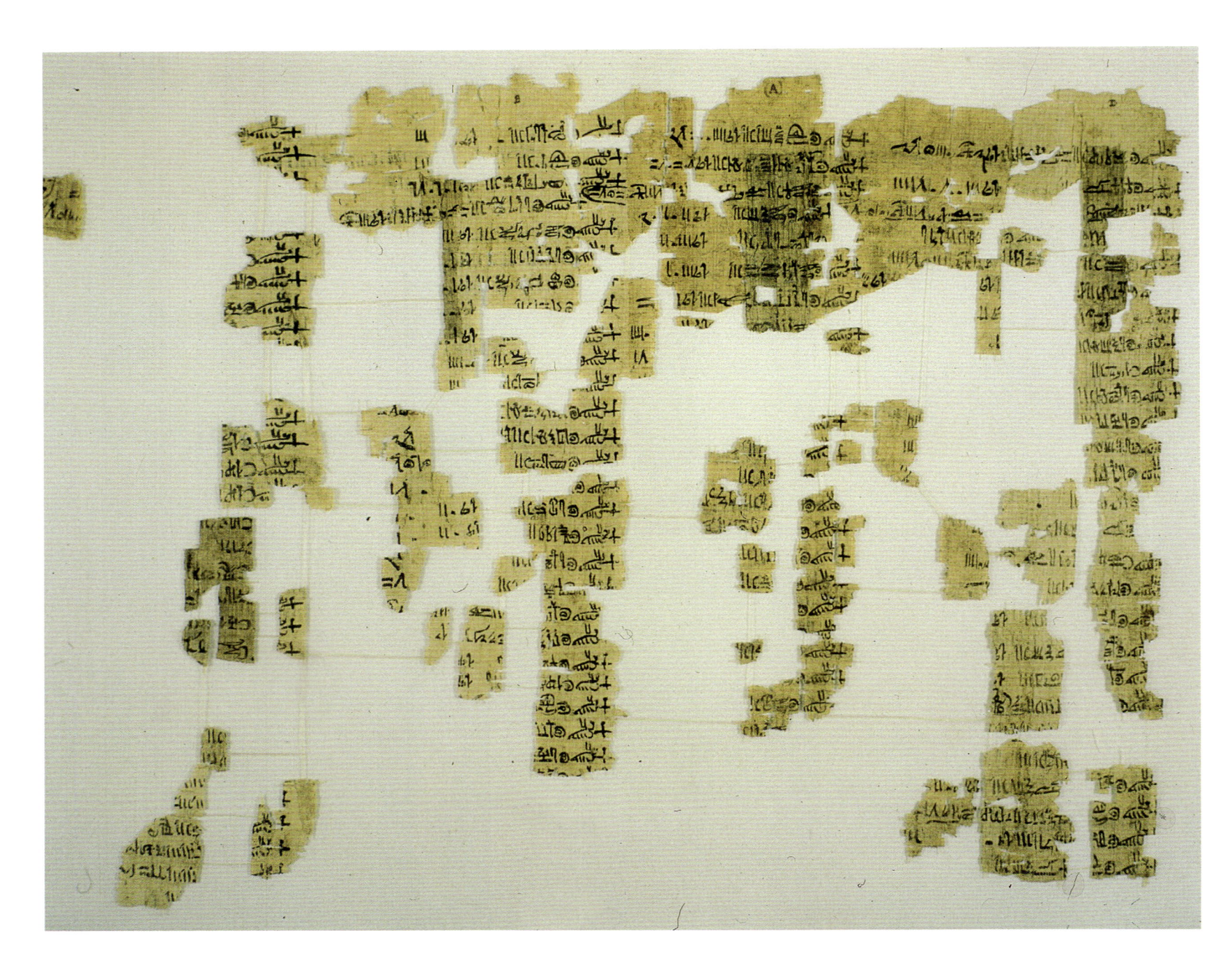

　　都灵的德罗韦蒂收藏品中包括了许多莎草纸书面作品，基本上都只剩零散的只言片语，它们大部分来自底比斯地区。其中一部分纸片是法老时期有关王位继承人的宝贵资料。这类纸片通常被称作"王室莎草纸"或"皇家纸卷"，背面写有从法老时期开始到第十七王朝的法老名字与在位时间。每位法老名字前都写有他的王衔，以突出其在统一的埃及王国中的统治权。从商博良起的众多学者根据纸纤维的情况和法老名字的顺序，经过大量研究之后，终于将这些莎草纸正确排序。他们所参考的法老顺序资料，一部分来自公元前3世纪初托勒密王朝祭司曼涅托写的埃及史，他在书中将法老统治的王朝分成30个。这些"皇家纸卷"是在正面写过行政文书之后又在背面重复使用的。

双簧管：芦苇
长 38cm/44cm/45cm/48cm
编号 C.6278
装双簧管的小匣子：上色木头
直径 5.5cm，长 70cm
编号 C.6258
贝尔纳迪诺·德罗韦蒂收藏

双簧管及装双簧管的小匣子
新王国时期

音乐与舞蹈在古埃及人的生活中占据着非常重要的地位，除了用于日常消遣，更多的是用于宗教仪式中的活动。在考古活动中埃及出土了许多乐器，大部分属于新王国时期的作品，此外在陵墓墙壁上也画有许多演奏乐器的场景。竖琴、里拉琴、西斯特罗琴、诗琴、铃鼓、响板、双簧管、长笛及单簧管等乐器有不同的音色，常常用来为节奏鲜明欢快的舞蹈伴奏。德罗韦蒂的收藏品中包含了这组芦苇制作的双簧管，每支管由两部分相嵌而成，管孔从三个到八个不等。其中四支双簧管装在一个做工精良的彩色木制匣子中。匣子为圆柱体形状，表面装饰有各类彩色植物图案，每个图案都用简单的几何图形分隔开来。在匣子的中央画有舞蹈与音乐的场景，布满了整个空间。其中有一些可能是努比亚民族的黑人舞者，他们伴随同伴铃鼓的节奏起舞。对这些男人与小孩的刻画虽然只是寥寥数笔，却生动形象地描绘出了他们的舞步。

带有纸卷纹的响板

新王国时期

象牙
长 20 cm
编号 C.6921
贝尔纳迪诺·德罗韦蒂收藏

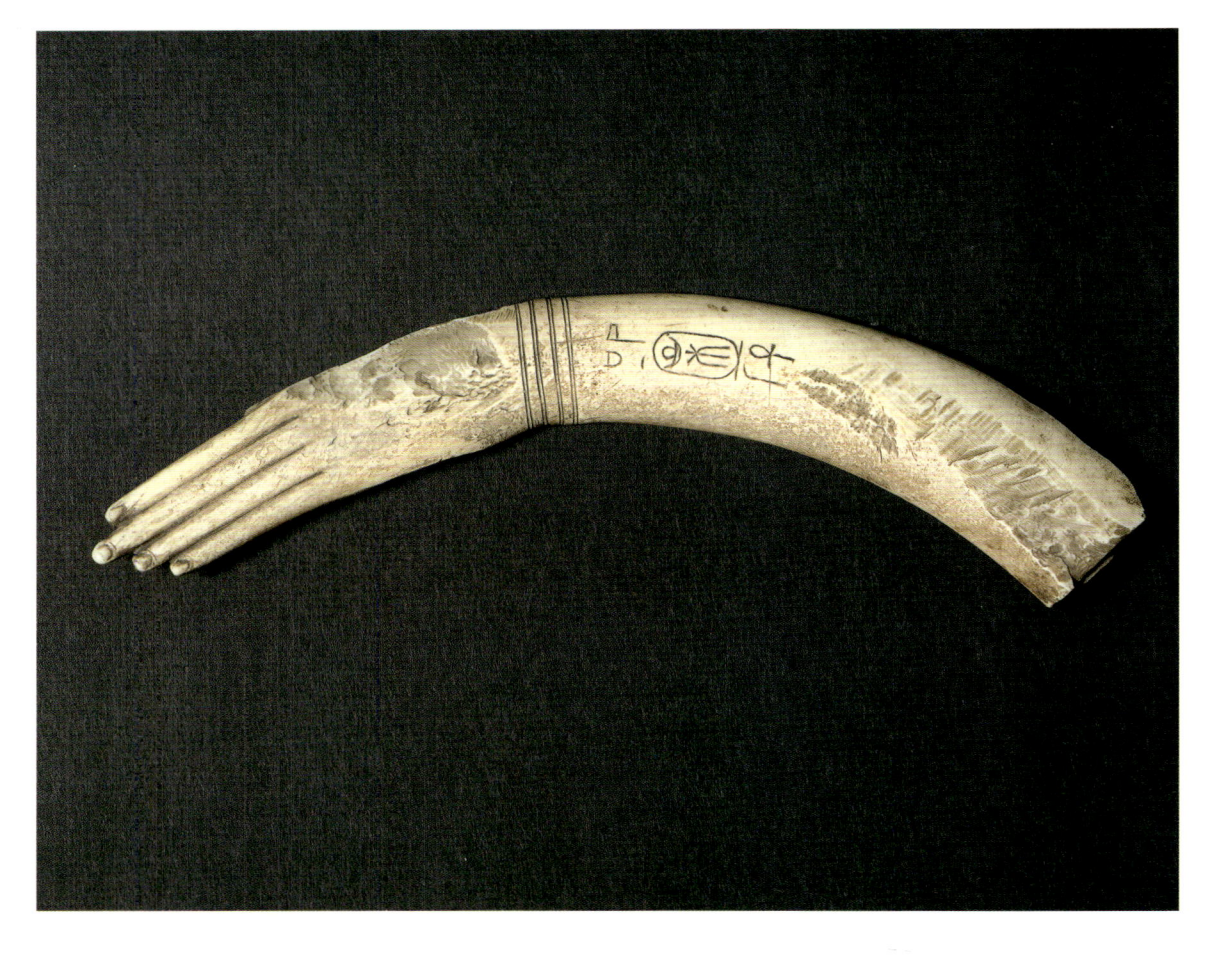

刻在纸卷纹内的"新婚女神"字样由三个象形文字构成,传统上用来指那些王室女性,她们的神性得到了法老与亲属们的认可。

　　响板是古埃及最流行的乐器之一,其起源也许可追溯到前王朝时期。响板为长棍形,样式简单,由直线型或弯曲的木头、兽骨或象牙制成,成对使用,通过相互击打发出与人击掌相似的声音,通常用来为宗教仪式或葬礼的舞蹈伴奏。部分响板上刻有哈索尔的脸庞,因此这种乐器可能与这位跟音乐和舞蹈相关的女神崇拜有关。因用于模拟击掌声音,新王国时期响板的造型通常做成手臂形状。本页中的这件精美的象牙制品来自王室,因为表面上刻有纸卷纹,写有"新婚女神"雅赫摩斯字样,应当是属于一位不知名的王后或公主的。整个响板造型为手臂形,手腕处刻有细线以代表手镯,细长的手指与雕刻的指甲都制作得十分逼真。

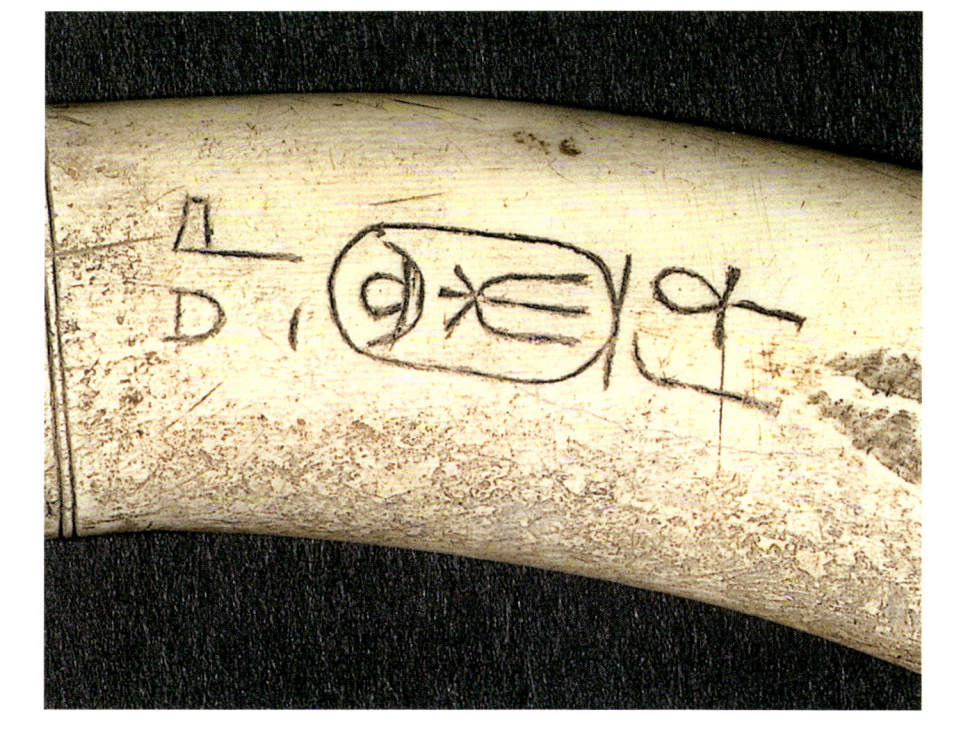

经粉刷、上色的木头
棺盖长 182 cm
棺体长 178 cm
编号 C.2226
贝尔纳迪诺·德罗韦蒂收藏

塔巴肯孔苏的棺木

第二十一王朝

棺木的使用可以追溯到埃及历史的源头，起初棺木为短小的长方形，尸体只能以蜷曲姿势摆放，后来慢慢变长，以便尸体能够平放进去。后来棺木变成了所谓的"木乃伊形状"，装饰与风格随时代的不同而有所区别。有钱人通常拥有多层的棺木，层层嵌套，以保护最里面的木乃伊。后来在富裕阶层还流行一种"假棺盖"的做法：将木棺盖做成人身形，直接将用防腐香料处理好的尸体放进去。本页中的这件棺木属于阿蒙拉神的歌者塔巴肯孔苏，展示了第二十一王朝典型的图案样式，棺木表面装饰有以密集方式表现巫术宗教性质的彩色绘画与文字。逝者有一双深色的眼睛，玫瑰花形耳环较为独特，发套上饰有发带与莲花。胸部上垂着多层珠子串成的项链，双手交叉放在上方。

依照惯例，逝者眉毛浓重，眼睛制作得十分逼真，饱含生机，这成为毫无表情的蜡黄脸上最突出的特点。

棺木中间是一个象征凯布利神与重生的甲虫图案以及带有翅膀的努特神的形象，天神正张开翅膀迎接逝者的到来。

麦伦普塔赫立方体雕像

第二十五王朝

闪长岩
高 40 cm
编号 C.3063
贝尔纳迪诺·德罗韦蒂收藏

　　这件雕塑形状独特，如名字所示为"立方体雕像"，是古埃及艺术中的典型类型之一。这种雕塑起源于中王国时期，作品数量多，造型统一：人物呈坐立姿势，膝盖弯曲蜷于胸前。手臂交叉放在膝盖上，头部以下变成一个立方形底座，而头部仿佛直接从底座上伸出来，构成整个身体。这尊麦伦普塔赫祭司雕像来自第二十五王朝，那时的埃及开始崇尚复古艺术，第二十六王朝时到达高峰。因此这件作品基本上采用的是古代经典肖像雕刻形式"立方体"。麦伦普塔赫头上戴着一顶柔滑厚实的发套，面部特征十分写实，与之前的抽象化雕像截然不同。身体的曲线通过侧面石头的纹理表现出来。从雕像正面可以看到祭司的长衣，衣下露出了一双巨大而制作粗劣的脚。衣服上刻有为逝者祷告的传统祭奠祷文。

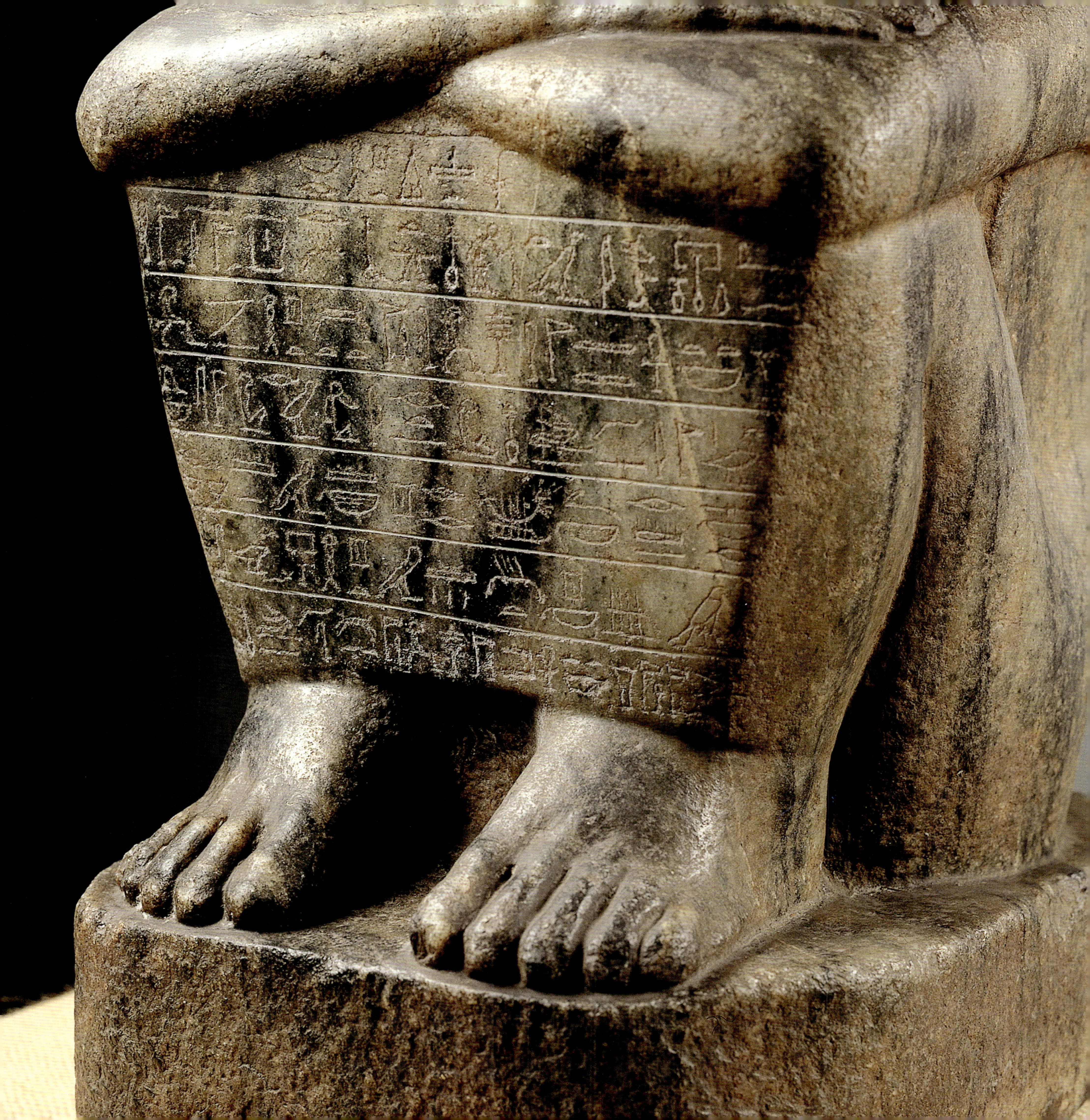

葛梅内夫哈巴克石棺

第二十六王朝

碧玄岩
229 cm × 60 cm × 48.5 cm
编号 C.2201
贝尔纳迪诺·德罗韦蒂收藏

　　葛梅内夫哈巴克头衔为亲王与维齐尔（相当于宰相），这个石棺充分展示了古埃及工匠在坚硬的石头上进行雕凿的高超技艺。作品创作于"塞易斯时期"，这个时期因第二十六王朝的埃及法老来自三角洲城市塞易斯而得名。在经历了外国统治者努比亚人对国家的统治之后，埃及人开始恢复传统艺术形式，以彰显新王朝重新获得了国家的控制权。这个时代的埃及人对复古的追求不仅体现在手工制作上，还包括了文化、宗教的内容，古代礼仪及圣书创作又一次回到了顶峰。这件葛梅内夫哈巴克石棺正体现了这种趋势。石棺整体造型优雅完美，线条精致考究。木乃伊形状的棺盖将这位高级官员塑造成佩戴厚重发套、柱形须套及多层珠链的形象。胸部上方刻有一只象征凯布利神的巨型甲虫，甲虫下方有条柱形的象形文字，文字的大意为保佑逝者能在阴间获得食物、饮品及一切必需品。流线型石棺外部的底座做工亦十分精美：在一个画有象征欧西里斯神和代表稳定的德秋支柱的画面下方，用象形文字细密地刻着《死亡之书》第七十二章。

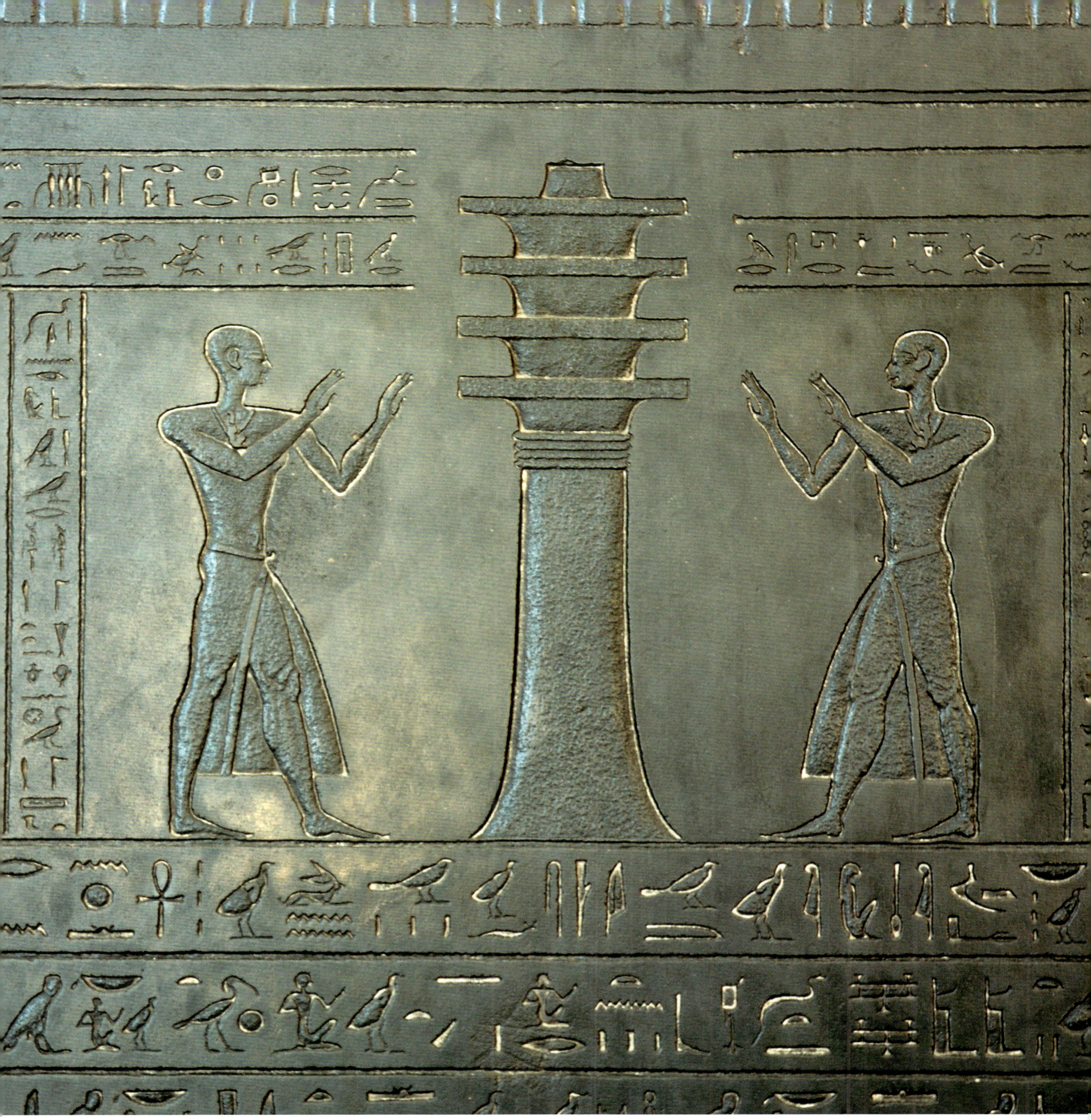

瓦赫伊比拉的卡诺普瓮

第二十六王朝

雪花石膏
高 36.5 cm
编号 C.3208
贝尔纳迪诺·德罗韦蒂收藏

卡诺普瓮这个名字来源于埃及崇拜欧西里斯神的三角洲城市卡诺普，指的是一种大肚人首形的瓮。这种卡诺普瓮总是以四个为一组出现在墓葬品中，从第十三王朝开始，以人首或兽首作为瓮盖。这种特殊形状瓮的出现与木乃伊的技术发展息息相关。在木乃伊的制作过程中，人们为尸体裹上绑带前取出内脏，经过一系列的防腐处理后，内脏器官被独立保存在特定的瓮中，受到荷鲁斯四个儿子的保护：艾姆谢特保护肝脏，为人首形瓮；哈碧保护肺脏，为狒狒首形瓮；多姆泰夫保护胃脏，为狼首形瓮；凯布山纳夫保护肠脏，为隼首形瓮。在每个瓮身上都刻有成列的象形文字，写有对应保护神的名字和逝者的名字与头衔。在本页这组精美的雪花石膏瓮上，写着的是高级官员瓦赫伊比拉的名字。

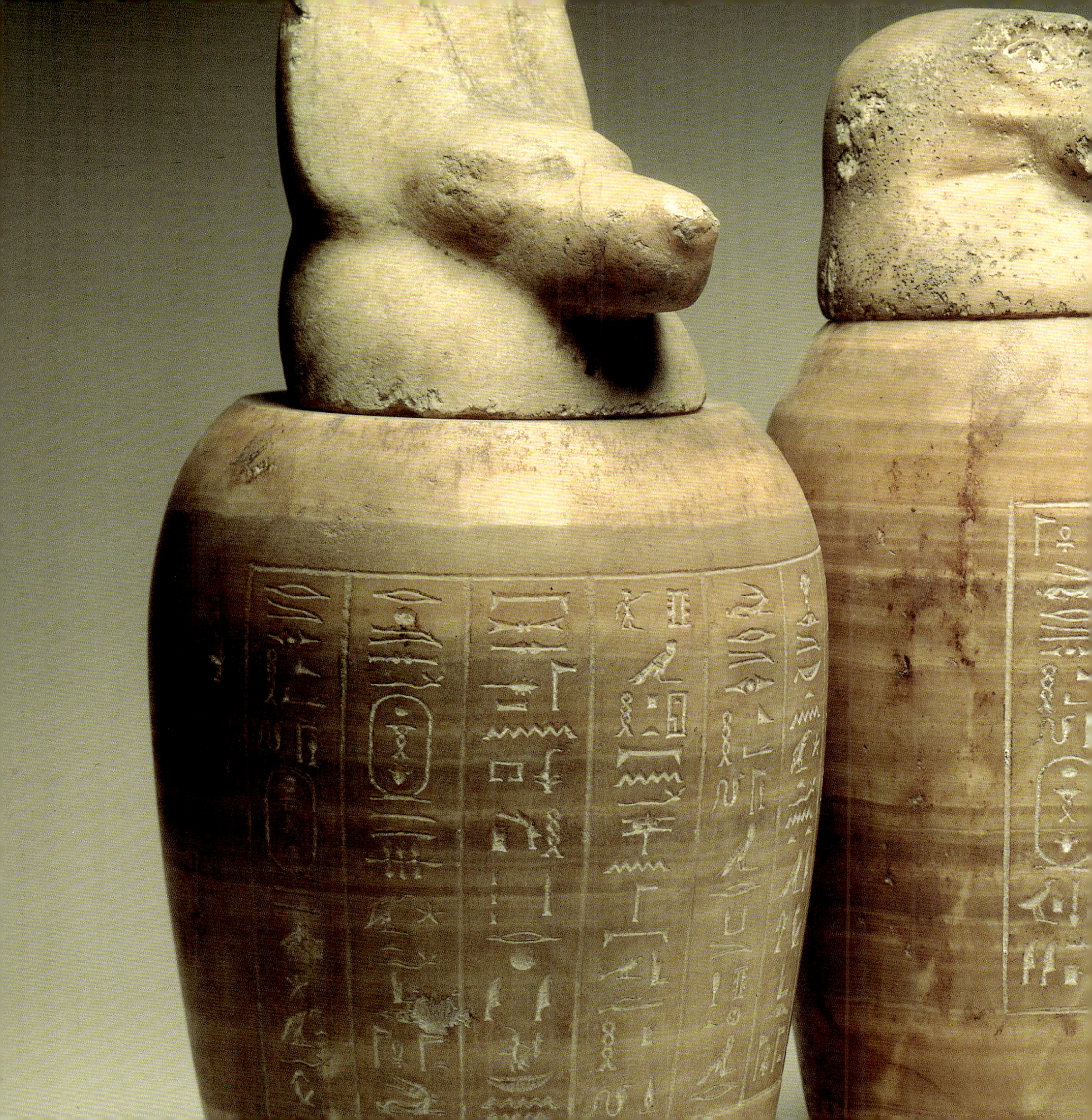

哺乳的伊西斯小雕像

末朝时期

方解石
高 28cm
编号 C.173
贝尔纳迪诺·德罗韦蒂收藏

伊西斯正在为她的儿子哈尔波克拉特斯（即婴儿荷鲁斯）喂奶的场景是埃及末期时代及古希腊—罗马时期最常见的主题之一，这种女神怀抱婴儿的雕像甚至在埃及以外的整个罗马帝国被用于宣传宗教信仰与伊西斯崇拜。在这件作品中伊西斯女神化身为伟大的母亲，用自己的乳汁为儿子延续生命。作为神话故事中的主角，女神伊西斯、儿子荷鲁斯—哈尔波克拉特斯及丈夫欧西里斯之间通过爱与死亡紧紧相连，他们之间的故事自古王国时期便已是埃及宗教中的基本内容。这件方解石作品中，按照传统，女神坐在宝座上，为儿子哺乳。她身穿一件贴身长衣，头戴三分式发套，额头饰有圣蛇标志。女神头上顶着一个宝座，一般用来镌刻名字。婴儿的形象也是按照传统做法创作而成，刻有一绺绺从额角垂下的头发。一般来说哺乳的伊西斯雕像都为铜像，这件作品的特殊之处在于雕刻者选择了方解石这种类似牛奶质感的浅色材料，旨在突出女神喂养儿子乳汁的母性场景。

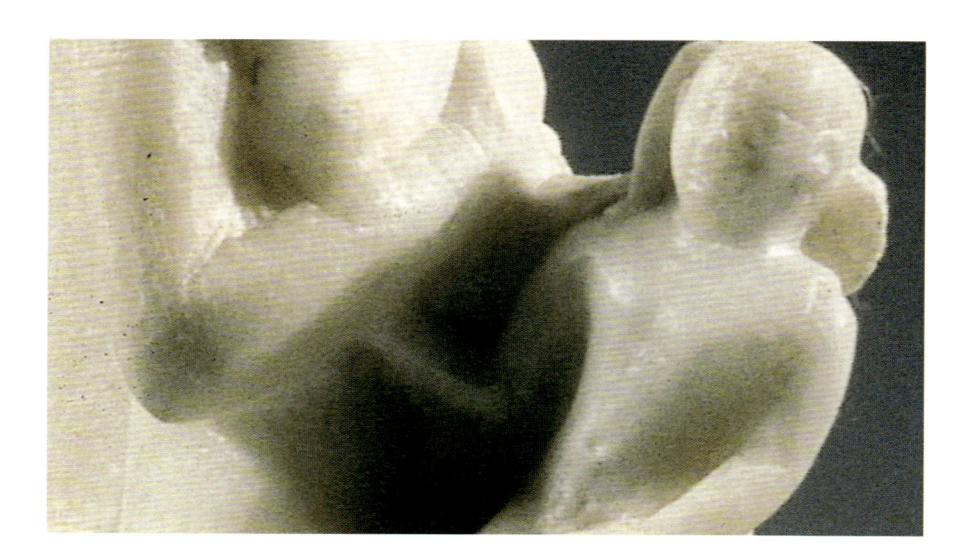

婴儿的姿势与母亲相同，只是比例缩小了些。因此这件作品的欣赏角度有两个，既可以选择正面欣赏伊西斯，也可以选择侧面欣赏与之垂直的婴儿哈尔波克拉特斯。

闪长岩
高 50 cm
编号 C.3030
贝尔纳迪诺·德罗韦蒂收藏

巫术小雕像

公元前 4 世纪

荷鲁斯能制服具有危害性的动物，象征着对邪恶力量的压制，在他的雕像上方还刻有贝斯神的头部，尽管看起来狰狞怪异，却被古埃及人当作家庭的保护神。

古埃及人常常求助巫术以解决问题、治疗疾病或获得神祇保佑。在他们的观念中宗教、医学和巫术并没有明显的分界线，这一点与西方文化截然不同。在进行求神或消灾的巫术仪式过程中，雕像与字符必不可少，因为在埃及人的思想中，这些东西可以通过巫术拥有生命，给人带来帮助或危险。具有关键作用的字符通常与雕像的身份相关，刻在底座上。这座巫术或巫师雕像是生活在公元前 4 世纪末的军队誊写师哈尔敬献的。雕像中，一个无首人手持一块"荷鲁斯脚踏鳄鱼石碑"。这种石碑通常刻有孩童模样的荷鲁斯脚踏鳄鱼，双手呈抓蛇、蝎子或其他危险动物的动作。整个人像身上刻满了文字与巫神图案。按照民间信仰，在充分接受人像和碑文的神意之后，人们往雕像上浇水，预示着人喝下神水后被蚊虫蜇咬的伤口将很快愈合。

托勒密王后雕像

托勒密王朝

沙岩
高 136 cm
编号 C.1386
来历古老

公元前332年，亚历山大大帝征服埃及，埃及成为马其顿帝国的一部分，在贸易、文化及艺术领域与古希腊联系紧密。公元前323年，亚历山大大帝去世，经历了若干年的政治风波后，托勒密一世开始掌握国家大权。此人为马其顿帝国的将军，从他之后开始了一长段由具有希腊背景的君主进行统治的王朝时期（前305—前30）。在这个被称为"托勒密"的王朝中，新的统治者入乡随俗，接受当地的风俗习惯，支持埃及人的宗教信仰，让臣民相信他就是真正的法老。这个时期的艺术作品尽管依然遵循传统做法，但也不可避免地受到希腊艺术的影响，因此结果就是在作品中两种艺术风格（埃及与希腊）和谐地融合在一起。托勒密王朝时期的王室雕像和私人雕像更是明显地将这两种艺术风格合而为一，本页这尊王后雕像就是一个很好的例子。王室雕像的典型特征依然保存着：圣蛇标志、三分式发套、握在手中可移动的新王国时期花式权杖。但人像则呈现出完全不同的风格：身穿条纹衣服，体态更为丰满，几乎可用性感来形容，而脸庞则更加圆润，抹去了理想化的特征。

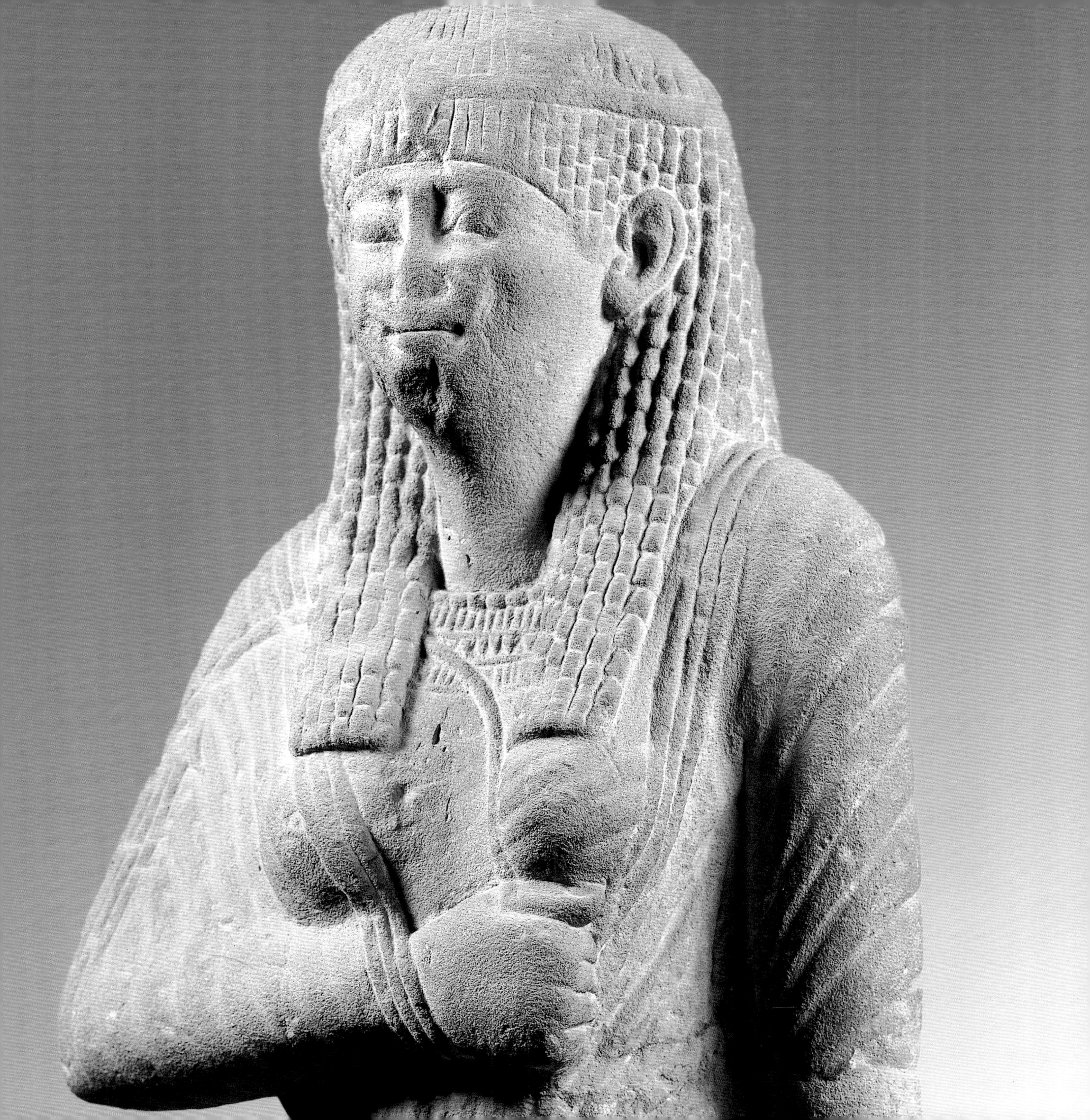

托勒密君主头像

托勒密王朝

绿灰色页岩
高 18cm
编号 C.1399
来历古老

　　这件精美优雅的王室头像告诉人们，尽管埃及被亚历山大大帝征服，当地艺术依然保持着高水准，坚持以往正统的雕刻手法。这个头像上没有任何刻文，刻画的是一位托勒密王朝的君主，也许是生活在公元前3世纪前半叶的托勒密二世。在这个时期，来自希腊的新君主们命人创作类似以往法老的雕像，在民众中展开宣传，以显示自己是当地文化的继承者和捍卫者。在这种背景下，托勒密君主们的雕像成为一种风格混杂的艺术品，融合了埃及和希腊文化，多元化成了这个时期艺术的主要特征，不同的习惯与风俗在这里交汇、融合。都灵埃及博物馆的这个头像属于托勒密王朝早期作品，依然深受本地传统艺术的影响，线条利落、优美，带着第二十六王朝塞易斯风格的烙印。法老的脸庞细节考究，精雕细琢，头巾展现了艺术家高超的技巧，用独特的手法在岩石上创作出了条纹布料的质感。

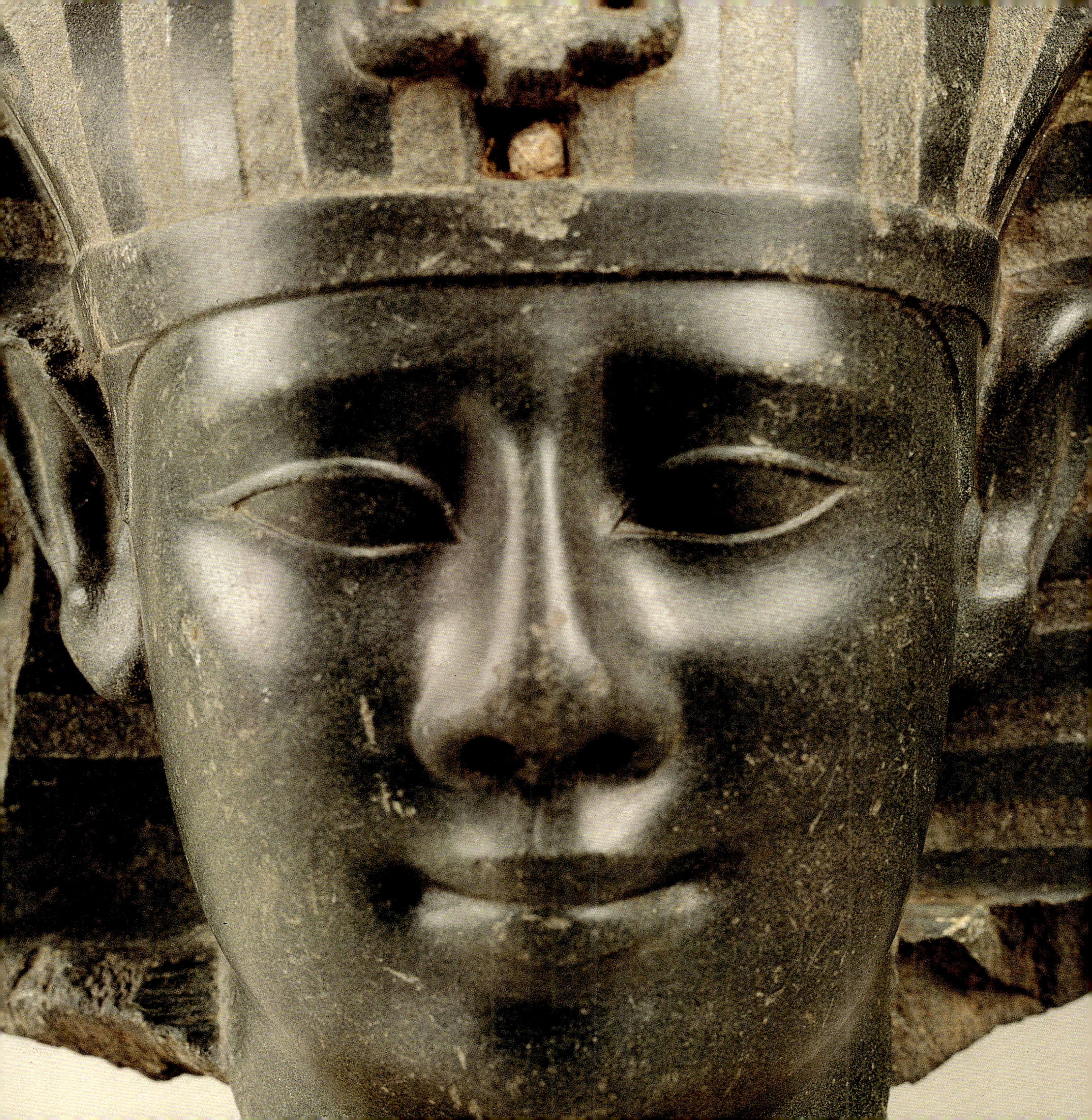

克丽奥佩特拉七世的半身像（？）

托勒密王朝

玄武岩
高 54 cm
编号 C.1385

以往埃及王后或公主人像上常见的优雅秀丽的特点都消失了。在希腊文化的影响下，典型的埃及理想化风格让位给了更加写实的风格。

　　这尊半身像刻画的是一位托勒密王朝时期的女王形象，略有残缺。因雕像上没有刻文，确定人物身份只能依靠猜测。近年来有人提出根据雕像线条柔和、身材饱满等特点来判断，刻画的应当为著名的克丽奥佩特拉七世，埃及王国的最后一位君主，在她统治期间（前51—前30）国家被罗马帝国吞并。这件作品明显带有那个时代独有的多元化特点，但仿佛受到希腊风格的影响更多一些。女王戴着一顶厚重的发套，发绺异常粗大，发套上套着一层秃鹫皮，为典型的埃及王室新娘装扮。另外一个埃及元素为额头上的圣蛇标志，一般来说这种额饰一个就够了，最多两个，而这尊雕像竟然有三个，显得不太寻常。除去这些带有埃及传统肖像雕塑元素的特征外，雕像的其他特点，尤其是人物造型方面，更加接近希腊艺术风格：脸庞不再是以前理想化的风格了，而是更加写实、丰满；嘴唇向下，显得表情严肃；穿着的紧身衣几乎不可见，显出了肉感的身体与丰满的胸部。

克丽奥佩特拉与恺撒里昂的石碑

新王国时期—托勒密王朝

粉色花岗岩
高 112 cm
编号 C.1764
贝尔纳迪诺·德罗韦蒂收藏

在 1824 年运到都灵的德罗韦蒂收藏品中，这件宏伟的花岗岩石碑引起了关注，古典哲学家、东方语言学者、都灵学院委员、德罗韦蒂藏品保护委员会成员阿梅代奥·佩容立即对这件作品进行研究。这块石碑从历史和文字方面上看具有极为重要的史料价值。这原本是一块法老时期的石碑，后来被托勒密王朝时期著名的女王克丽奥佩特拉七世所篡改，这就解释了为什么石碑上的刻文的文字和拼写会有不同。半月形部分是早期用象形文字书写的埃及传统碑文，其余部分是在托勒密王朝时期刻下的民间通俗文字和希腊文。在托勒密王朝时期还依照传统肖像特点新增了人像，与上半部分原有的法老时期的肖像合为一体：在有翼日轮下方可看到两两相对的四个人像。中间两个为底比斯神门图（右侧）及阿蒙（左侧），他们分别受到克丽奥佩特拉七世及其儿子托勒密十四世恺撒里昂的崇拜。恺撒里昂是女王与罗马皇帝朱利奥·恺撒所生的儿子。

两位神祇的身形优美，带有常见的肖像特征：门图神为隼首，隼为他的神兽，头顶日轮；而阿蒙神则为人首。二者头上都饰有长长的羽毛，手中紧握象征权力的瓦斯权杖和象征生命的安卡之符。

埃芬克的莎草纸

托勒密王朝

莎草纸
长 1912 cm，高 30 cm
编号 C.1791
贝尔纳迪诺·德罗韦蒂收藏

在收藏品中，莎草纸与木乃伊是与古埃及有最直接关联的物品。事实上，长达三千多年的尼罗河流域文明留下了数量庞大的文字记载，其中大多数是用莎草纸写成的，与日常生活的方方面面相关，包括书信、遗书、文学作品、判决书、地图及宗教文本等。在宗教文本中重要性排在第一位的当数《死亡之书》。这是一套用黑色和红色墨水书写的宗教用语集，里面画有彩色插画，从新王国时期起成为富人墓葬品中不可缺少的一部分。熟识这些用语可帮助逝者在走向阴间的路上跨过障碍。在这本集册里通常将内容划分为多个章节，其中最著名的是第125章，内容与称量灵魂重量有关。

本页作品是来自埃芬克的《死亡之书》中的一张插画，画中有一个神祇审判庭，由坐在宝座上的欧西里斯统领42位法官组成。在这些审判官与其他神祇的见证下，逝者将心脏放在秤上进行称量，如果此人清白无罪，将得以进入阴间世界，开启永生生活。

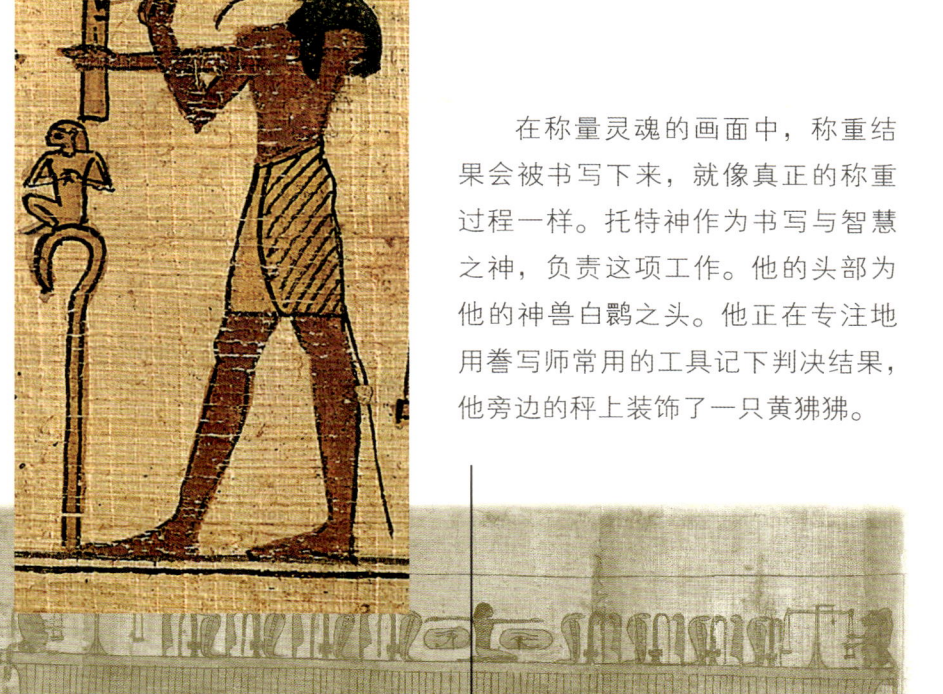

在称量灵魂的画面中，称重结果会被书写下来，就像真正的称重过程一样。托特神作为书写与智慧之神，负责这项工作。他的头部为他的神兽白鹮之头。他正在专注地用誊写师常用的工具记下判决结果，他旁边的秤上装饰了一只黄狒狒。

整个画面的核心元素为这把秤，其左右各有一个托盘，左托盘上放着公正之神玛阿特的替身作为砝码，右托盘上放着逝者埃芬克的心脏。只有心脏的重量轻于另一边的砝码，才能被判无罪。站在秤下的是防腐及丧葬之神阿努比斯（左侧）和欧里西斯的儿子荷鲁斯（右侧）。

如果放在秤上的心脏没有通过考验，重于玛阿特的替身，那么逝者将承受第二次且是终极的死亡，无法进入永生世界。图中逝者的心脏被一只称为"吞噬者"的杂种怪物吞下，这只怪物拥有鳄鱼的头、一半狮子的身体和一半河马的身体。

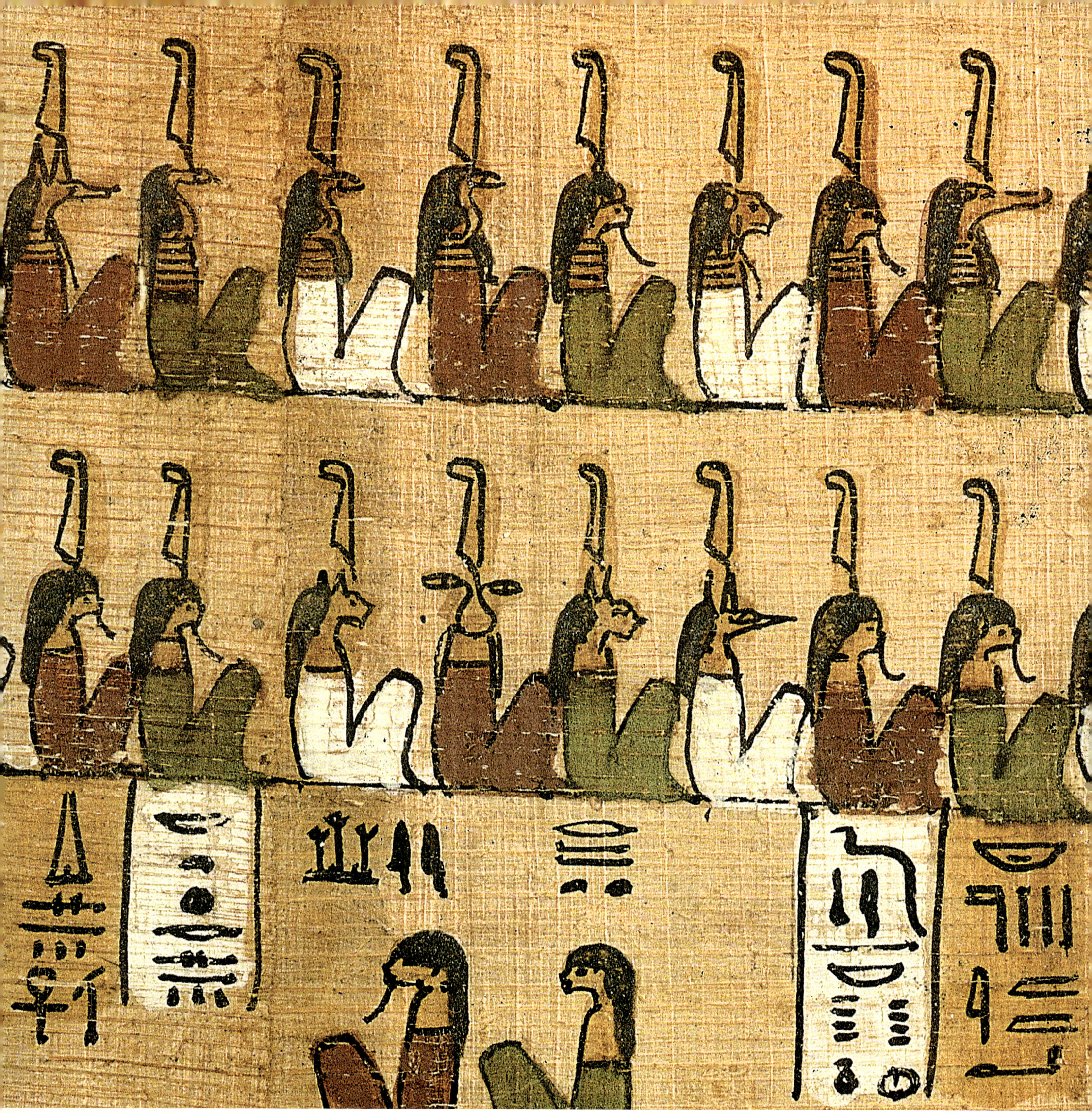

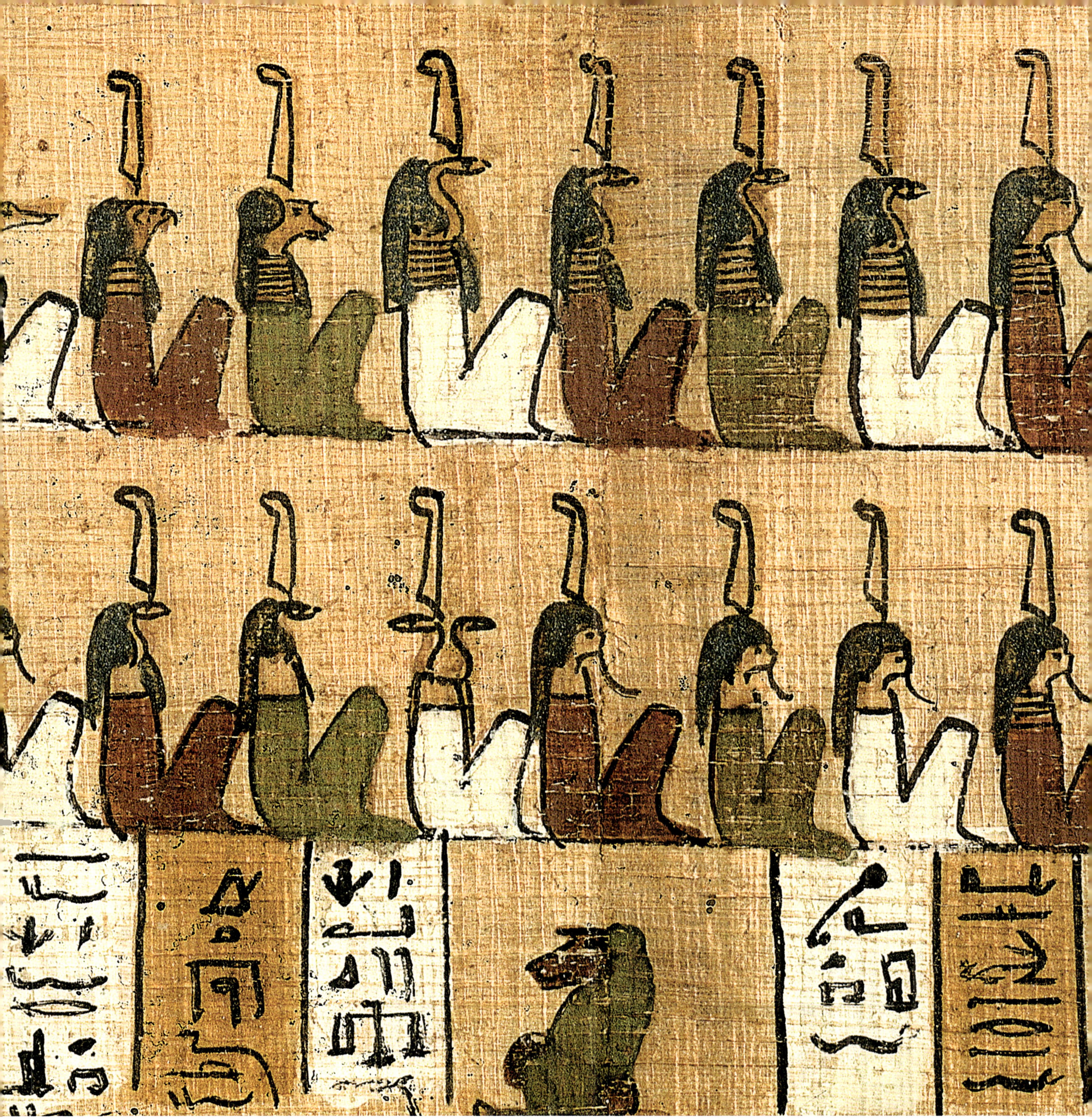

镶嵌平板

托勒密王朝

木头与玻璃熔浆
17.2 cm × 20.5 cm
编号 S.18155
卡洛·安蒂发掘于泰布图尼斯

在都灵埃及博物馆中，收藏有帕多瓦教授卡洛·安蒂于1930年至1933年间在法尤姆地区泰布图尼斯挖掘出土的文物。这个地区因出土了大量古希腊—罗马时期的材料（主要为莎草纸）而闻名，而其本身是埃及的一个农业与宗教中心，建有住宅、作坊、街道、公共浴室和位于索克内贝图尼斯的重要神殿。在泰布图尼斯出土的文物中包含了本页中的这块木板，也许属于匣子的一部分，是一件小型手工精品。木板上镶嵌了许多彩色玻璃熔浆，比如深蓝色、红色与蔚蓝色，用来制作四个站立人像。人像从左到右分别为女神哈索尔、孩童时代的哈尔波克拉特斯神、戴着双重王冠的法老及另一位女神。整个画面上方是一个抽象的星空，最高处是一个带翼日轮。这件文物最为精致的地方在于一些细节，例如最右侧女神衣服上的玫瑰花饰与衣褶，羽毛帽上的长条纹，哈尔波克拉特斯神和法老项链上的小宝石。

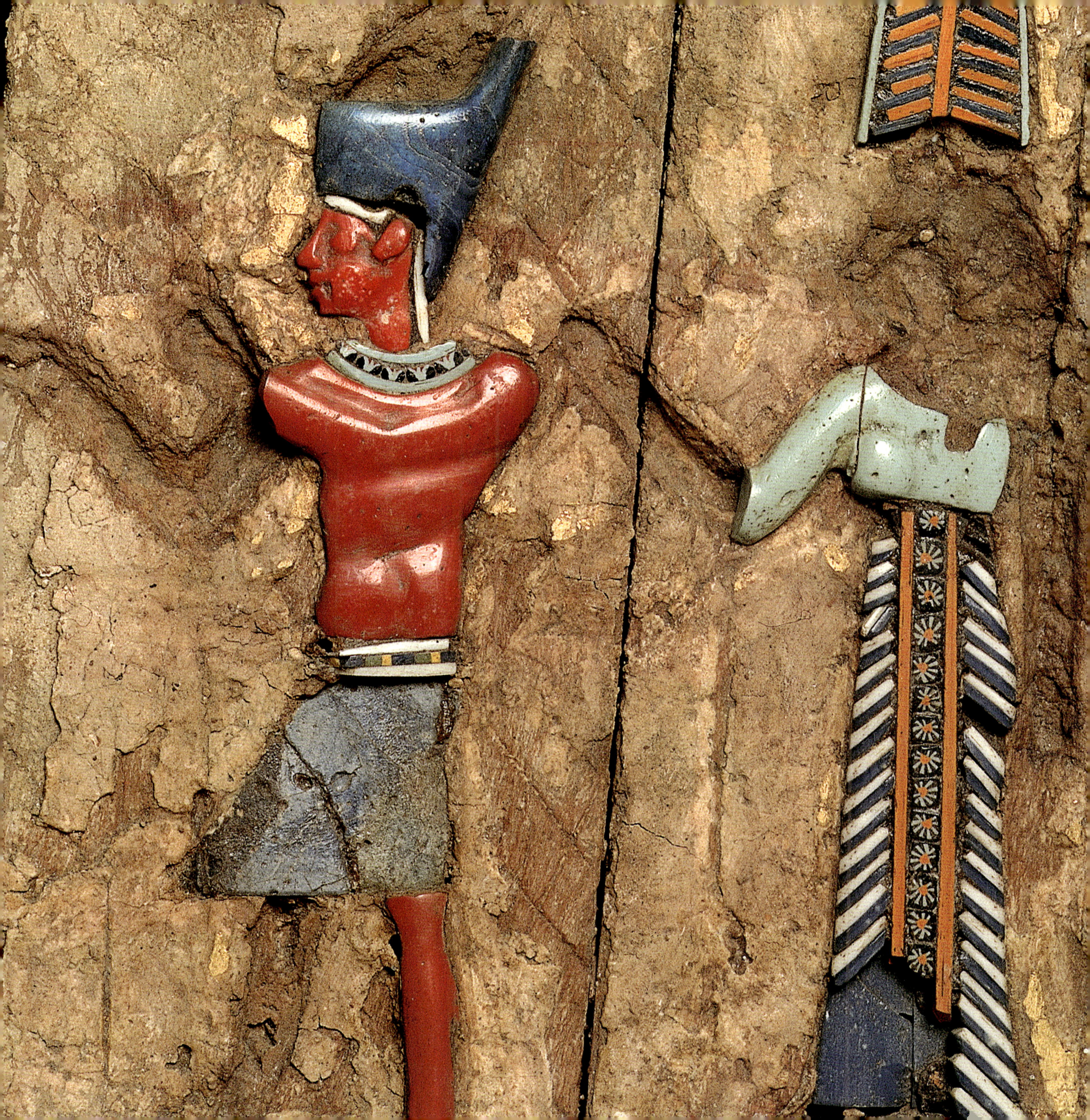

伊西斯-阿芙洛狄忒小雕像

古罗马时期

上色陶土
高 41 cm
编号 C.7215
贝尔纳迪诺·德罗韦蒂收藏

　　古罗马时期的埃及留下了大量与这件作品类似的小雕像，刻画的是一些带有固定特征的裸体女人，如头上戴有卡拉托斯式花环，胸部绑着两根交叉的彩色带子，或佩有珠宝和彩带。人物色彩明亮，线条柔和，充满肉感，带有明显的情色意味，因为这些神像代表的是爱神阿芙洛狄忒，类似于埃及的伊西斯女神。她们被认为是女性的保护神，因此这些小雕像是新婚妇女嫁妆中的一部分，代表着良好的祝愿。从这些伊西斯-阿芙洛狄忒雕像上很难找到典型的埃及肖像雕刻元素，因为在古罗马时期这些作品已经基本上被希腊化了。仔细观察这些人像，不难发现尼罗河沿岸几千年来的繁荣艺术文化已然远去，就连埃及—希腊式的多元化风格都不复存在了，希腊式的古典特征几乎占据了绝对的统治地位。自从罗马人占领了埃及以后，古老的法老文明发源地就不再辉煌，当地文化经历各种演变之后，逐渐走向消亡。

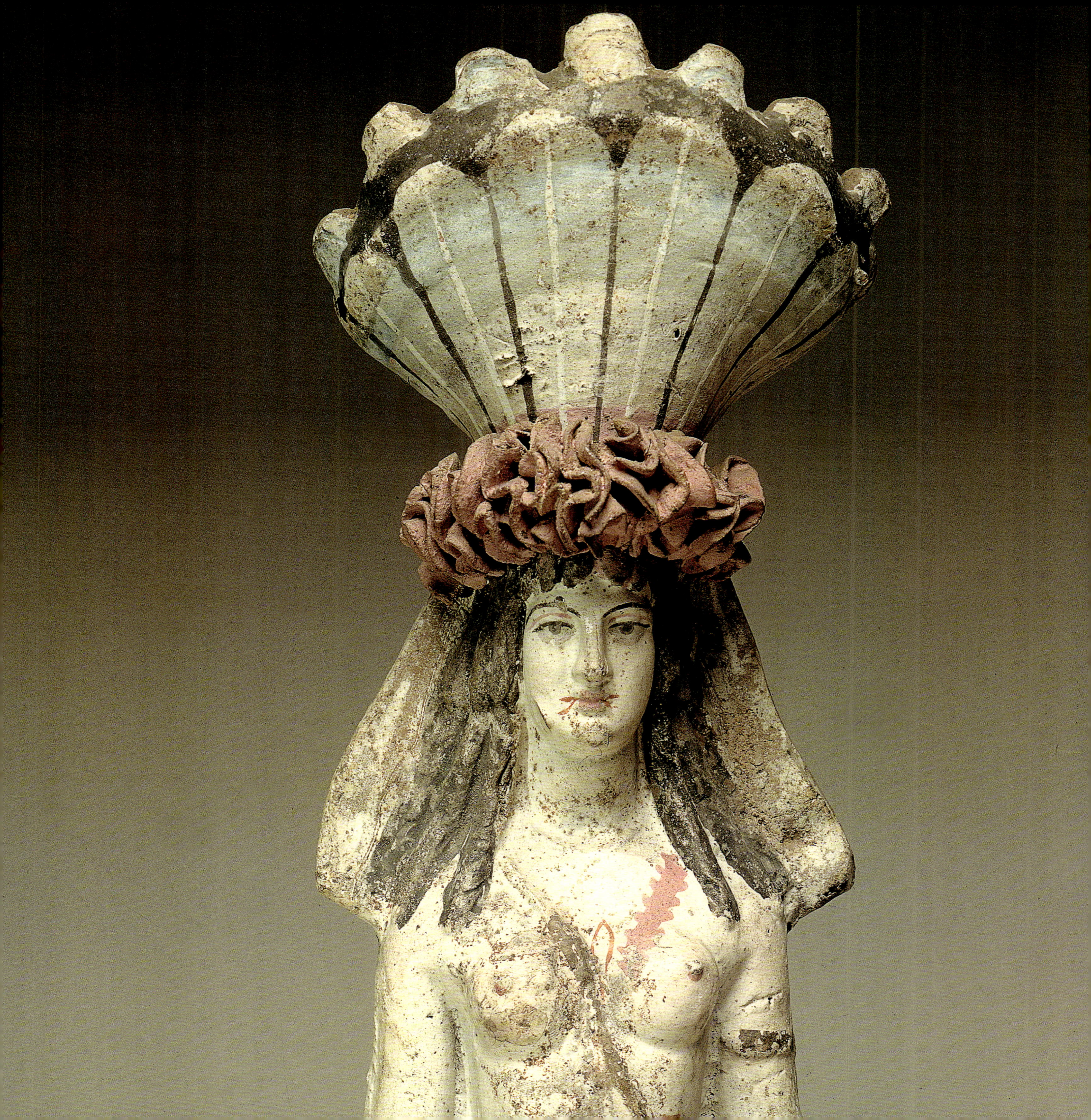

伊西斯的祭坛

1 世纪

嵌有银与铜的青铜板
125 cm × 75 cm × 6 cm
编号 C.7155
萨沃亚家族收藏

　　据记载，这件"伊西斯的祭坛"是于1630年左右到达都灵的第一件埃及文物（或者说仿埃及文物）。萨沃亚家族对古埃及十分感兴趣，对17世纪的人们来说，那是一个罕为人知的神秘世界。尽管学者们对"伊西斯的祭坛"有着不同的解读，甚至是截然相反的解读，萨沃亚家族依然对其表现出极大的兴趣。如今几乎已经可以确定，这是一件古罗马时期的作品，也许来自罗马城战神广场的伊西斯圣堂。在托勒密—罗马时期，人们对伊西斯的崇拜超越了国界，这位埃及神的崇拜仪式在地中海流域的许多国家广为流传，在罗马及希腊地区的影响力甚至可与罗马传统宗教和正在兴起的基督教相提并论。这块青铜板应当属于祭坛的一部分，板面分为三行，刻画有不同的场景，其中伊西斯坐在华盖下的宝座上，带有常见的神祇标志。在她身边围绕着祭拜的神祇和君主，以及各种神兽，分布在不同行列。板面上的解说刻文并无任何意义，只是对象形文字的简单模仿，只有个别词语拼写正确。

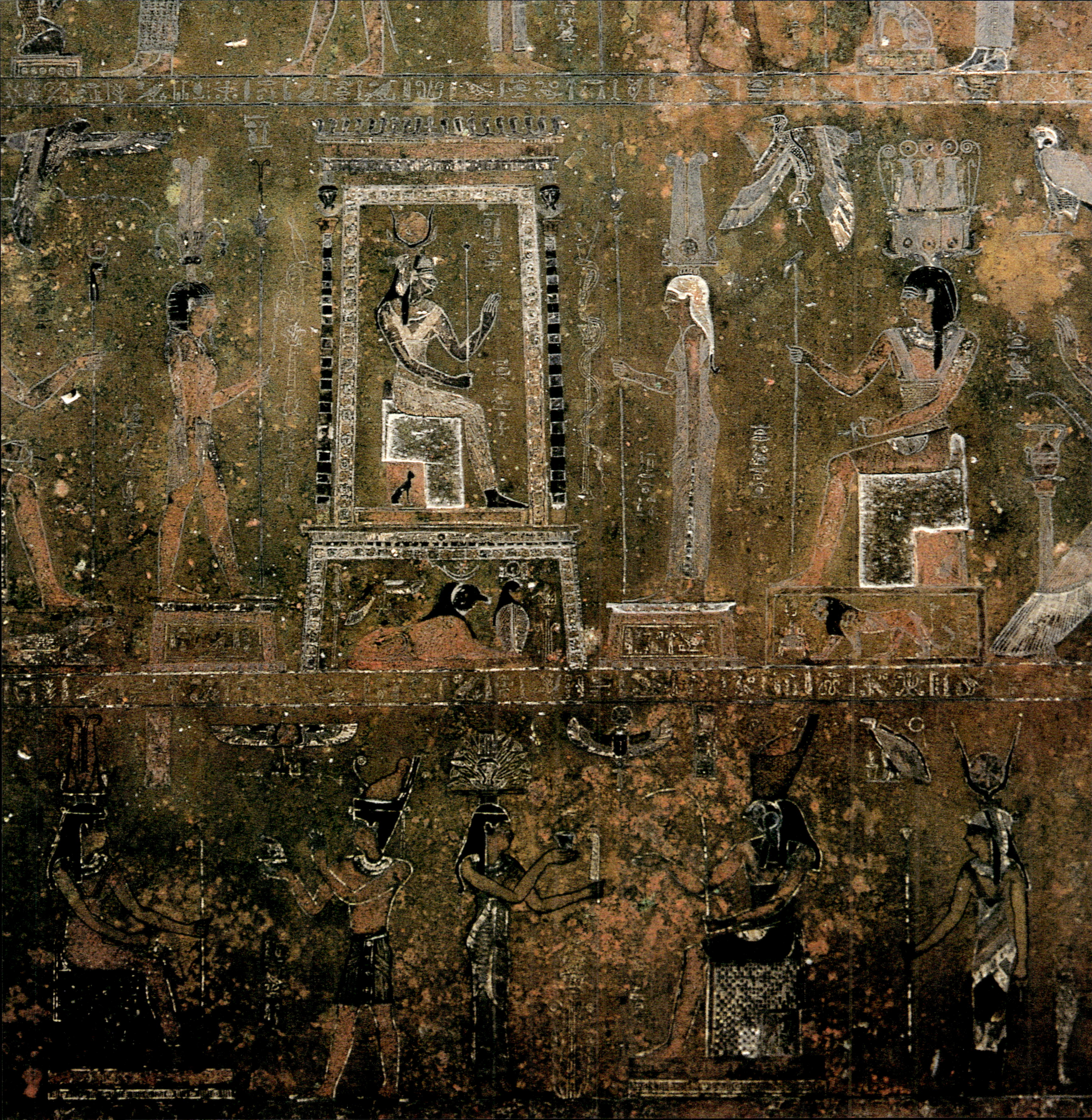

佩塔门诺菲木棺

古罗马时期，哈德良王国

埃及榕木
110 cm × 40 cm × 42 cm
编号 C.2230
贝尔纳迪诺·德罗韦蒂收藏

　　这个木棺令人动容的地方在于其主人是一个只有四岁的小男孩，死于125年哈德良王国时期。这个埋葬有小男孩佩塔门诺菲木乃伊的木棺是德罗韦蒂的助手安东尼奥·莱博罗在底比斯墓地的陵墓中发现的。出土时小男孩的木乃伊尸体用绷带完好地包裹着，按古希腊—罗马时期的惯例束成菱形图案，头部用树叶花冠装饰，代表了家人对他的爱意。木乃伊所在的木棺由浅色木头打造，显得朴实简单。造型是那个时期的常见样式，棺盖为拱形盖，四个角上各立有支柱。木棺唯一的外部装饰是刻文，记录了佩塔门诺菲所生活年代的典型混合文化氛围：棺盖中间是一行埃及象形文字，较短的侧边上刻的则是希腊文，写有小男孩的具体年龄。而棺体底部则刻有天空之神努特的形象，但风格属于外来文化对埃及肖像的改造。人像为罕见的正面姿势，明显带有公元前几个世纪近东地区的艺术创作特点。

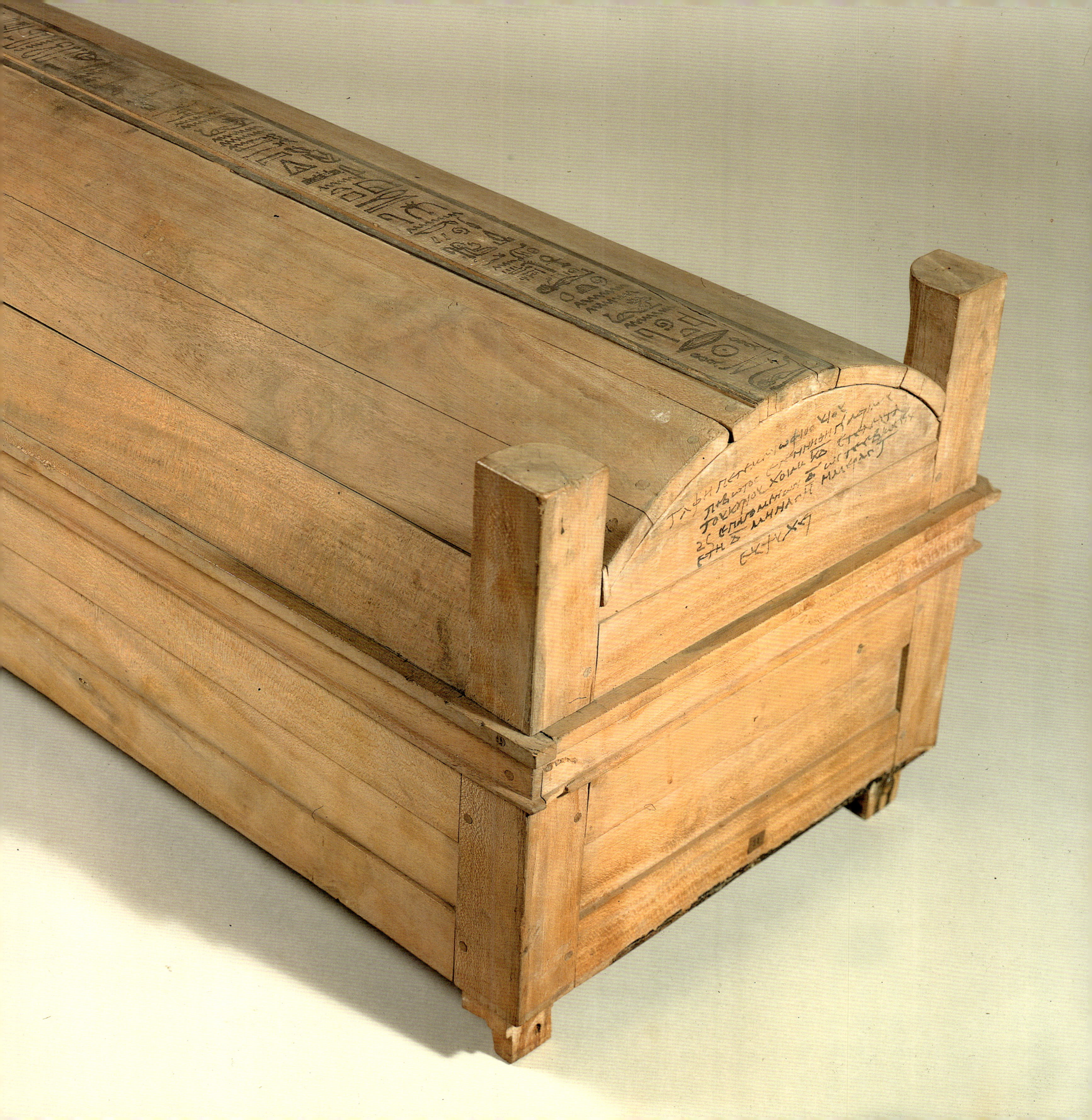

佩塔门诺菲木棺

埃及艺术从诞生之日起便独具一格，这幅人物肖像为平面结构，由侧脸轮廓与正面半身组成。这里女神努特的肖像已经远离了几千年来的传统模式，从肖像特征与风格笔法上属于新的创作方法，不能被定义为"埃及风格"。

努特左右两侧的小肖像刻画的是伊西斯和奈芙蒂斯，她们因与往生世界紧密相关，因此常常出现在棺壁上。与努特不同的是，这二人从整体上看依然保留了埃及传统的肖像风格。

伊西伊和奈芙蒂斯是欧西里斯神的姐妹，在这里二人外形一模一样，没有可以用于区分的要素，动作也同样为一只手臂上举呈哀悼的姿势。她们为佩塔门诺菲的去世而哀伤，而阴间世界的最高神——著名的欧里西斯也将之收入门下。

139

佩塔门诺菲木棺

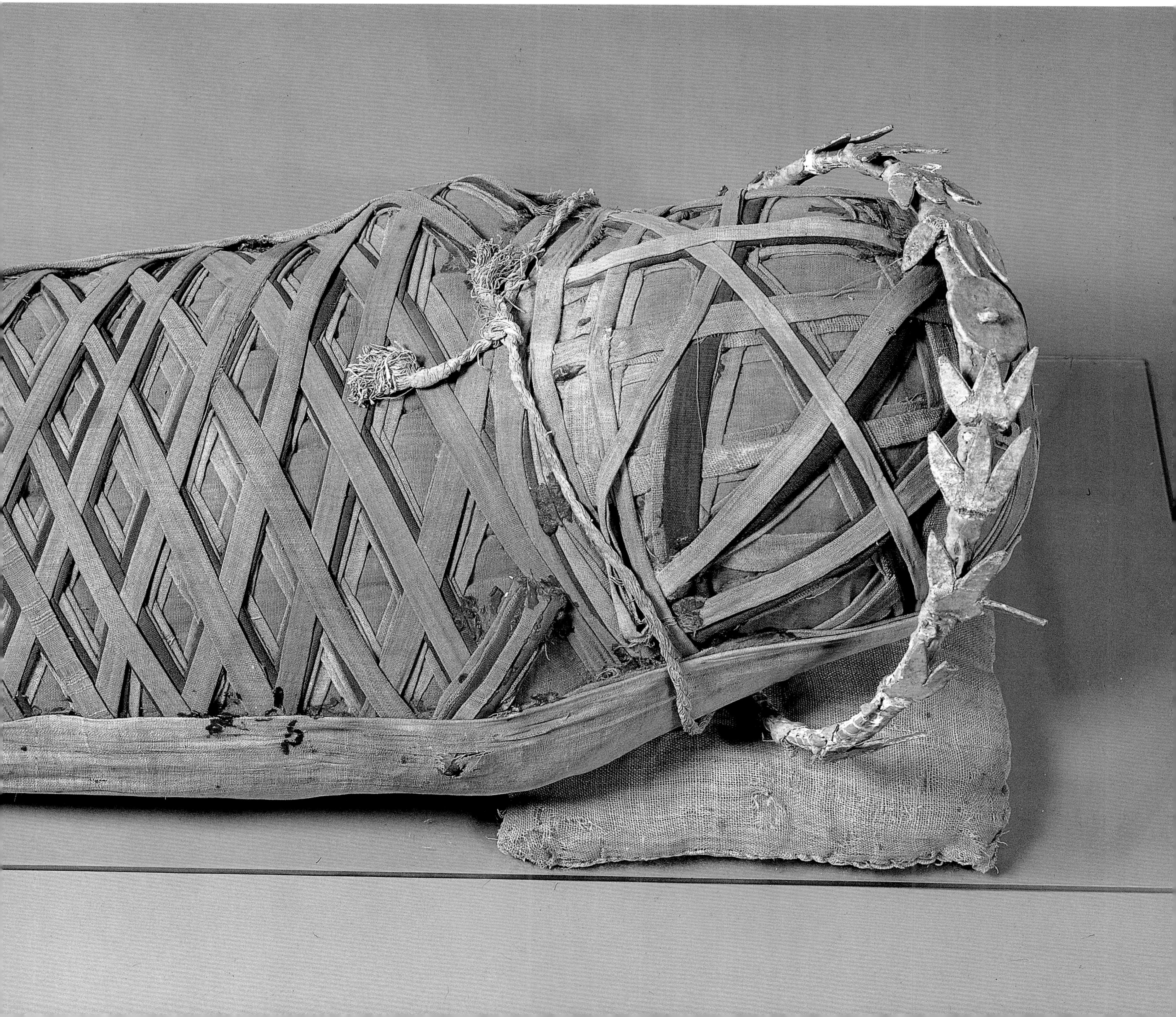

科普特人织物

科普特时期，5世纪

羊毛
39cm×39cm
编号 S.17411
埃内斯托·斯基亚帕雷利所购

"科普特"来自希腊语（意思为埃及文明），一般用来指在古罗马统治结束（395）至伊斯兰阿拉伯人统治开始（641）期间的基督教化的埃及文化、宗教和语言。这个时期的艺术作品已看不到任何与尼罗河流域繁荣了几千年的法老文化相关联的特征。此时的图像已是全新的主题：圣人、骑士、经典神话人物、动物、十字架、几何图形、花卉等，所使用的技巧和创作的形态深受近东地区的影响。这个时期最著名最珍贵的作品主要为织物，大部分来自城市艾赫米姆。这些织物的用途为制作帷幔、挂毯和衣服装饰，在家居和教会都广泛使用，展示了那个时期高水平的纺织工艺。这块椭圆形织品也许是帷幔的一部分，上面织有一个手持盾牌的男人，身穿长靴，披着飘起的宽大披风。人像用色大胆活泼，通过不同颜色的线条营造出明暗效果，说明了科普特时期的能工巧匠们并没有抛弃古埃及的纺织技艺。早在前王朝时期，其纺织手工业已处于毫无疑问的顶尖地位，本书开篇介绍的基波林亚麻画布就是很好的例子。

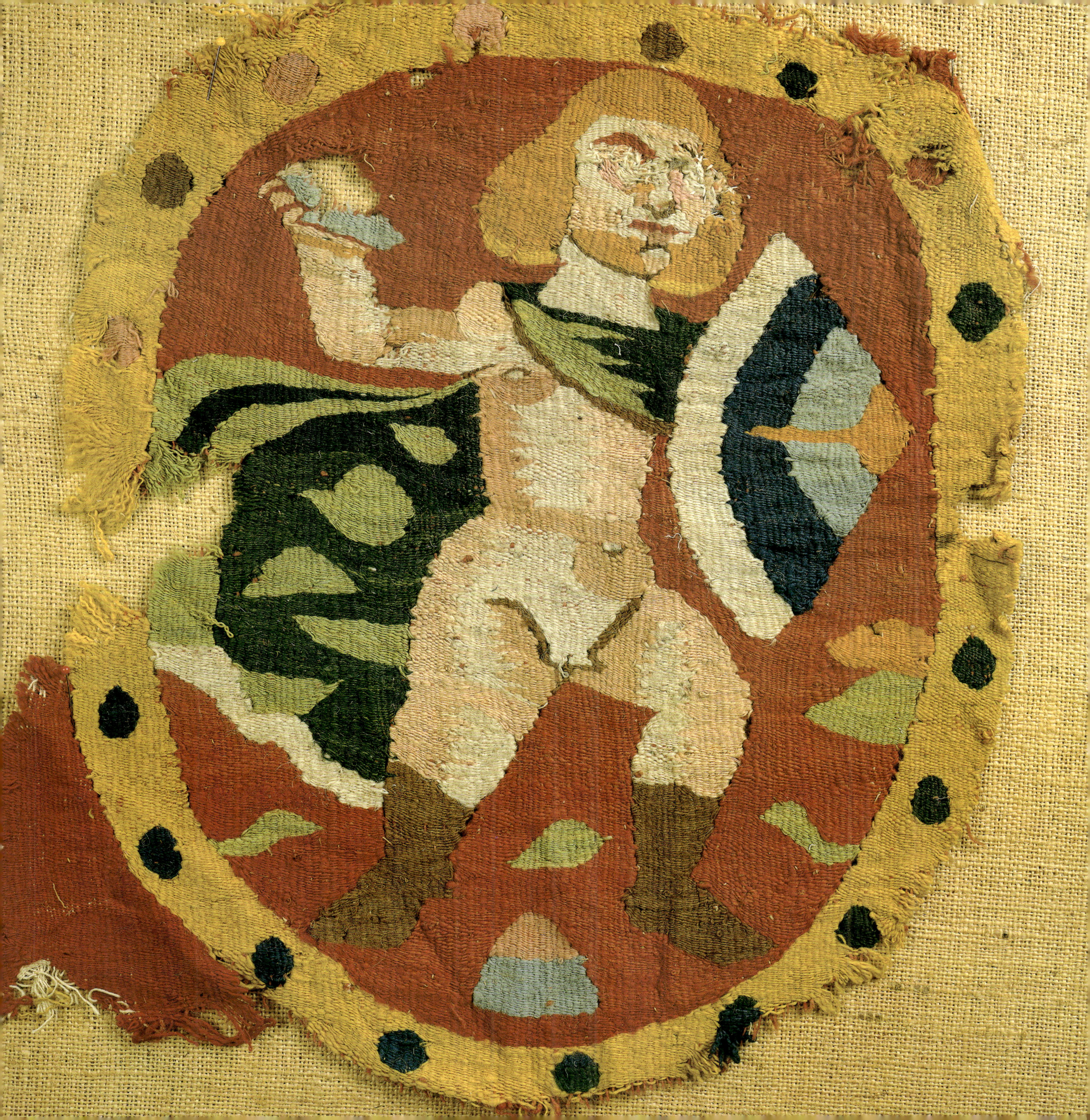

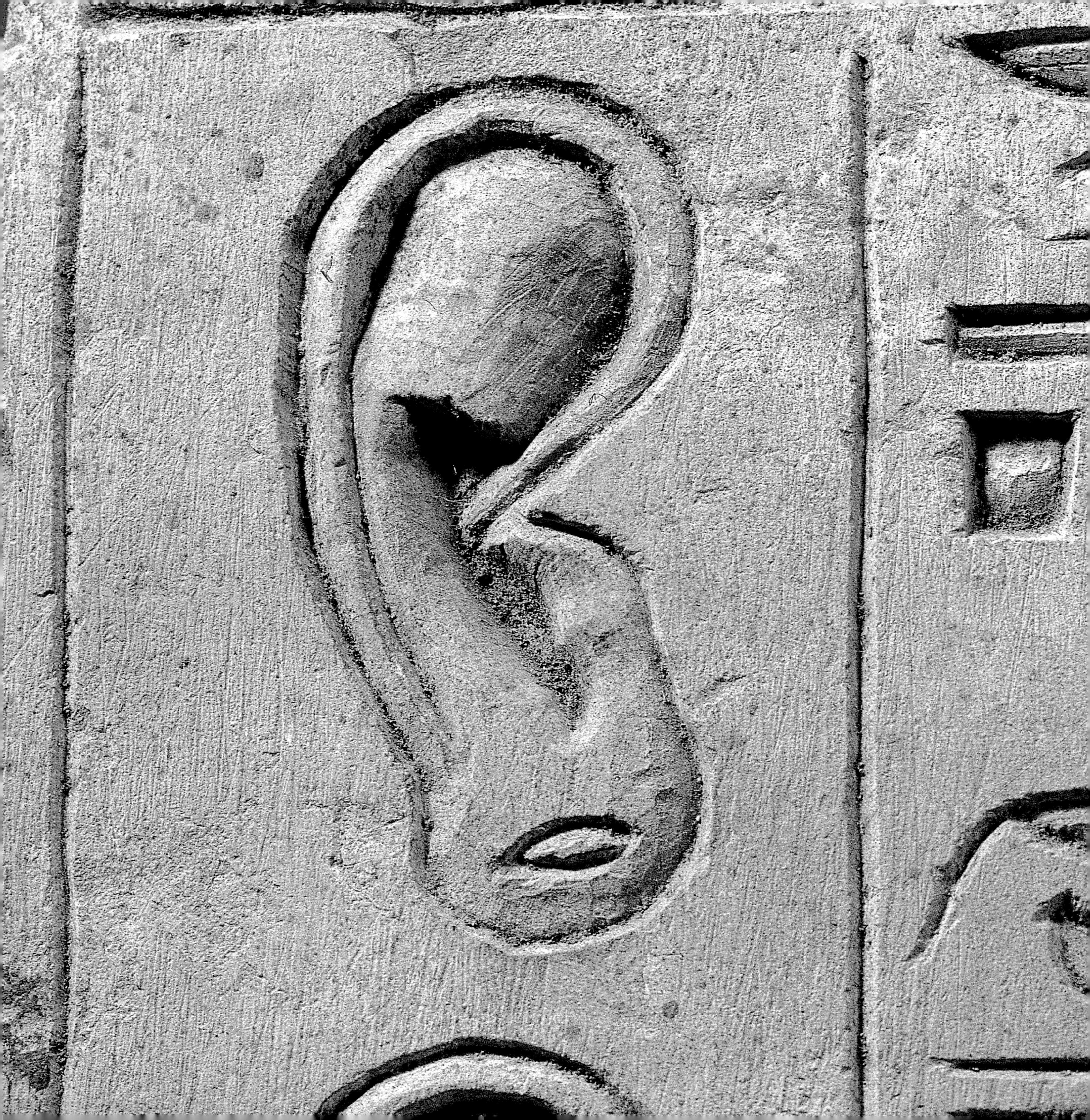

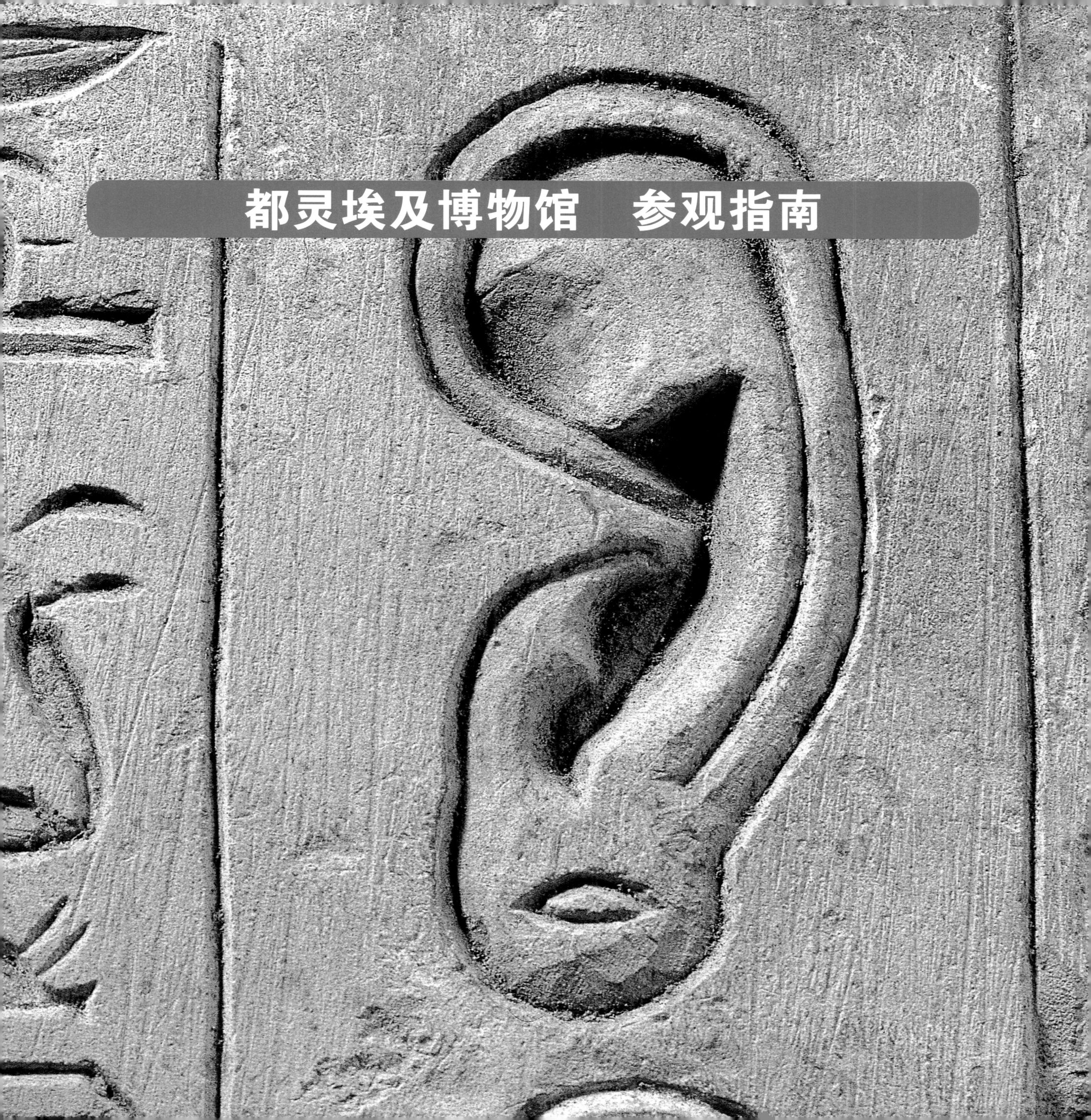

都灵埃及博物馆　参观指南

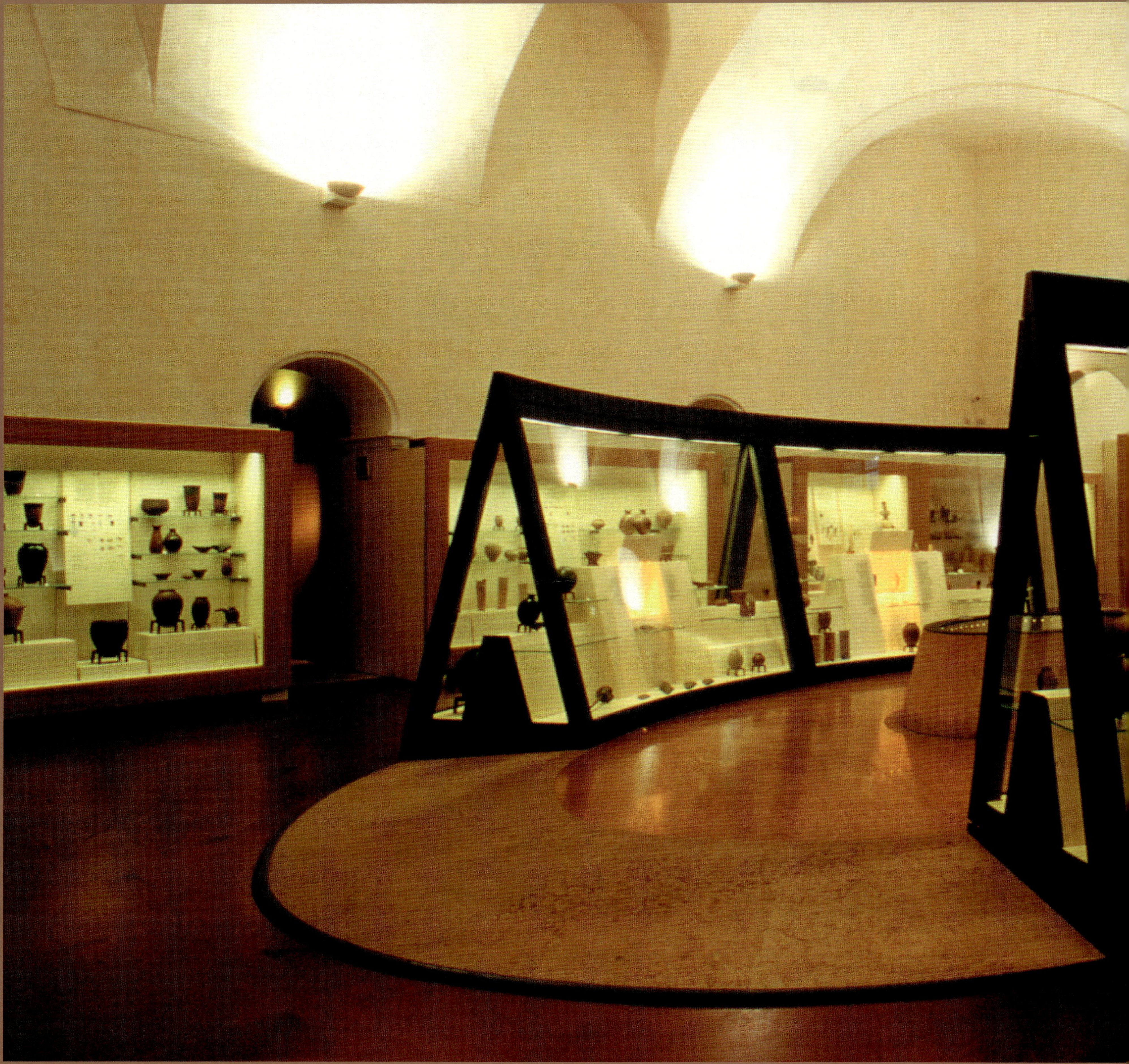

都灵埃及博物馆

地址：科学学院路 6 号

邮编：10123，都灵

电话：+39 011 56 17 776

传真：+39 011 56 23 15

垂询方式

电话：+39 011 50 68 813

邮箱：info@museitorino.it

网址：www.museoegizio.org

开放时间

08：30—19：30 周二至周日

未满 18 岁或超过 65 岁的欧盟国家学生与居民可免费参观

闭馆日

每个周一、1 月 1 日、12 月 25 日

导览服务

每逢周六、周日从 11：00 至 16：00 有讲解导览服务，可满足个人需要。需提前一天预约。

预约个人或团体参观服务，请致电 +39 011 44 06 903 或发邮件至

museoegizio@museitorino.it

其他设施

书店

一层

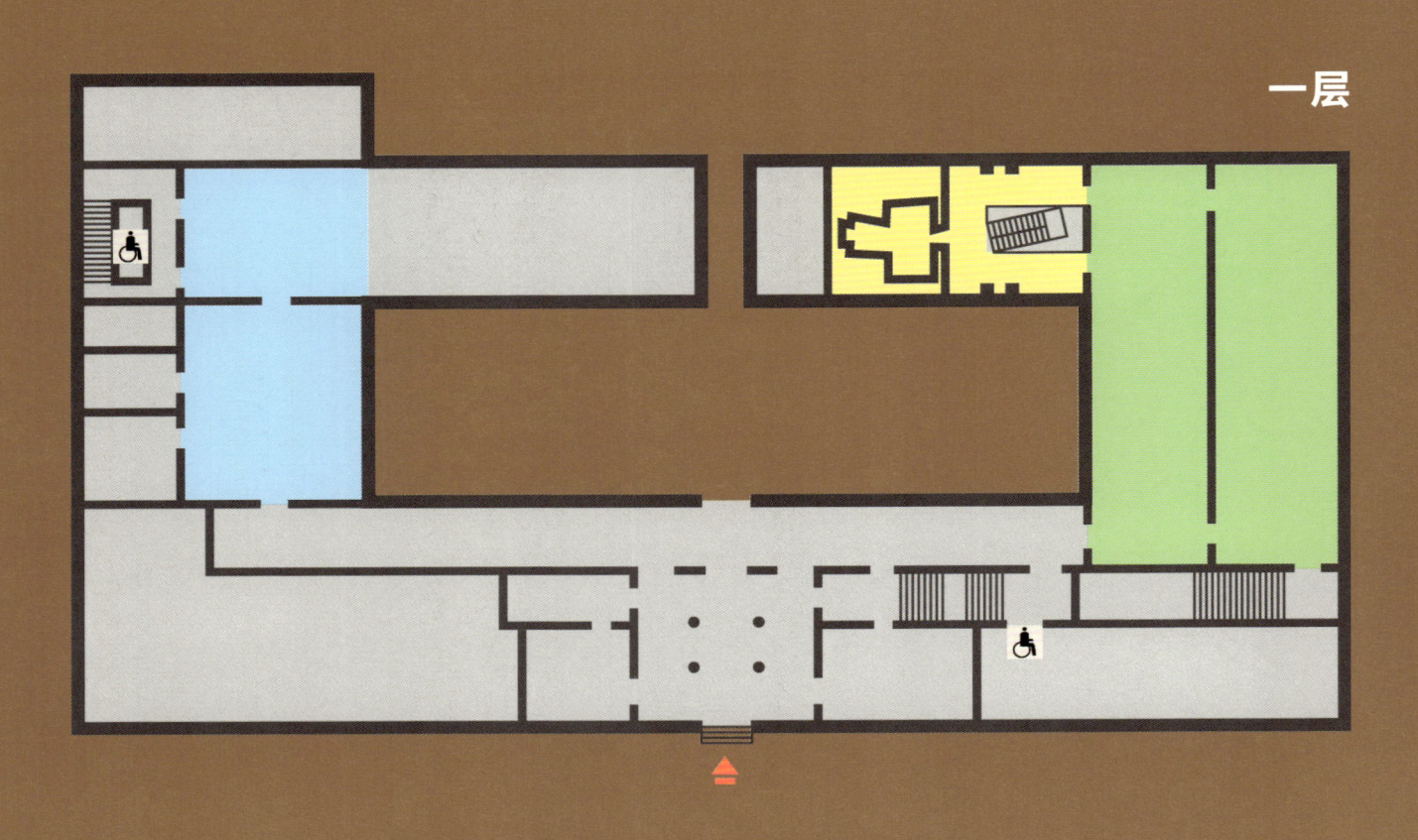

■ 史前时期与古王国时期
■ 雕塑
■ 埃雷西加小神殿

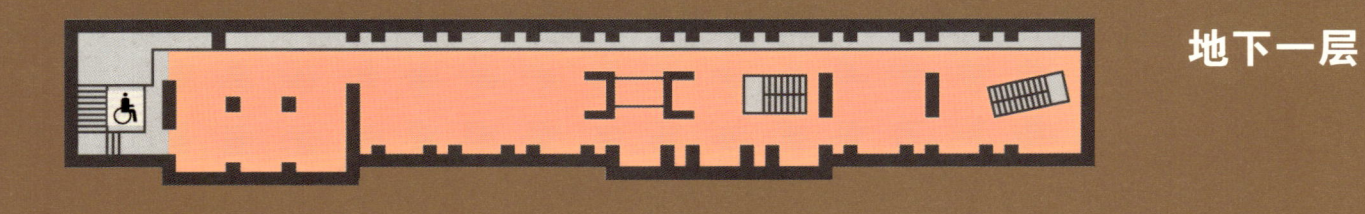

地下一层

■ 出土于基波林、艾斯尤特、卡奥艾尔基比尔等地的文物

二层

- 墓葬出土文物
- 雕塑
- 文化用品
- 无名氏陵墓
- 玛亚祭堂
- 卡的陵墓
- 纺织品
- 书稿
- 王后谷
- 艺术与职业
- 神兽宗教与祭礼
- 绘画

古埃及年表

前王朝时期（前 4000—前 3000）

早王国时期（前 3000—前 2575）
第一王朝（前 3000—前 2770）
第二王朝（前 2770—前 2650）
第三王朝（前 2650—前 2575）

古王国时期（前 2575—前 2150）
第四王朝（前 2575—前 2465）
第五王朝（前 2465—前 2323）
第六王朝（前 2323—前 2150）

第一中间期（前 2150—前 1994）
第七王朝（伪王朝）
第八王朝（前 2150—前 2135）
第九与第十王朝（前 2135—前 2040）
第十一王朝（前 2135—前 1994）

中王国时期（前 1994—前 1650）
第十二王朝（前 1994—前 1781）
第十三王朝（前 1781—前 1650）
第十四王朝（前 1710—前 1650）

第二中间期（前 1650—前 1550）
第十五王朝（前 1650—前 1550）
第十六王朝（前 1650—前 1550）
第十七王朝（前 1650—前 1550）

新王国时期（前 1550—前 1075）
第十八王朝（前 1550—前 1291）
第十九王朝（前 1291—前 1185）
第二十王朝（前 1187—前 1075）

第三中间期（前 1075—前 664）
第二十一王朝（前 1075—前 945）
第二十二王朝（前 945—前 718）

第二十三王朝（前 820—前 718）
第二十四王朝（前 730—前 712）
第二十五王朝（前 775—前 664）

末朝时期（前 664—前 332）
第二十六王朝（前 664—前 525）
第二十七王朝（前 525—前 404）
第二十八王朝（前 404—前 399）
第二十九王朝（前 399—前 380）
第三十王朝（前 380—前 342）
第三十一王朝（前 342—前 332）

古希腊—罗马时期（前 332—395）
托勒密王朝（前 332—前 30）
罗马王朝（前 30—395）

科普特时期（395—641）

作品索引

克丽奥佩特拉七世的半身像（？）	124	金矿莎草纸图	102—103
默林装有瓶子的小匣子	59	埃芬克的莎草纸	126—129
镶嵌木匣	23	王室莎草纸	108
项链	85	阿蒙霍特普四世（阿肯那顿）的小头像	63
塞提二世巨像	86	伊提墓中的壁画	30—32
彩陶碗	60—61	拉莫斯金字塔	94—95
带有纸卷纹的响板	110	杜安拉石棺	22
卡的镀金腕尺	58	葛梅内夫哈巴克石棺	114—115
向阿顿神致意的两道王衔纸卷纹	64—67	伊布石棺	35
拉美西斯二世、阿蒙拉神与姆特的群雕	78—79	佩塔门诺菲木棺	136—141
霍伦海布与穆特诺杰美特的雕像	72	卡的木乃伊棺木	54—55
图坦卡蒙与阿蒙神的雕像	68—71	塔巴肯孔苏的棺木	111
伊西斯的祭坛	134—135	前王朝时期的墓葬	16
房屋模型	34	麦伦普塔赫立方体雕像	112—113
木制小模型	24—27	阿蒙霍特普一世雕像	41
卡萨的祭堂	84	阿蒙霍特普二世雕像	45
双簧管及装双簧管的小匣子	109	阿尼恩雕像	50—51
舞者瓦片	96—97	公羊雕像	48
镶嵌平板	130—131	奔谢纳卜雕像	80—83
拉美西斯四世陵墓的莎草纸平面图	104—105	卜塔雕像	49

拉美西斯二世雕像	74—75	塔沃里特小雕像	98—99
雷蒂特雕像	21	巫术小雕像	119
塞克荷迈特雕像	52—53	阿布考石碑	36—39
伊西斯 – 哈索尔形象的泰伊雕像	46—47	克丽奥佩特拉与恺撒里昂的石碑	125
图特摩斯三世雕像	42—43	乌塞萨特石碑	92—93
施蒙斯木雕	28—29	玛亚的石碑和祭坛	62
雅赫摩斯·纳菲尔塔莉小雕像	88—89	卡的游戏盒	56
夫妻小雕像	40	鱼形研磨板	20
带着囚犯的法老小雕像	106—107	画布	14—15
伊西斯 – 阿芙洛狄忒小雕像	132—133	埃雷西加小神殿	44
哺乳的伊西斯小雕像	118	科普特人织物	142—143
卡的小雕像	57	托勒密君主头像	122—123
麦里特塞盖尔小雕像	100	纳菲尔塔莉的陪葬偶	76—77
娜芙特貌的小雕像	73	乌萨布提与尼卡的乌萨布提小匣子	87
奔布伊小雕像	90—91	瓦赫伊比拉的卡诺普瓮	116—117
托勒密王后雕像	120—121	涅伽达二期的器皿	17
祭司小雕像	101	河马牙雕	18—19

图书在版编目（CIP）数据

都灵埃及博物馆/（意）西尔维娅·埃诺迪编著；
郑昕译. — 合肥：安徽美术出版社，2019.6
（伟大的博物馆）
ISBN 978-7-5398-8652-7

Ⅰ.①都… Ⅱ.①西…②郑… Ⅲ.①博物馆—介绍—都灵 Ⅳ.① G269.546

中国版本图书馆 CIP 数据核字（2018）第 287107 号

伟大的博物馆
都灵埃及博物馆　（意）西尔维娅·埃诺迪 编著　郑　昕 译
WEIDA DE BOWUGUAN DULING AIJI BOWUGUAN

出 版 人：	唐元明
责任编辑：	黄　奇　赵启芳　陈　震
特约编辑：	张　莉
责任校对：	司开江
责任印制：	缪振光
出版发行：	时代出版传媒股份有限公司
	安徽美术出版社（http://www.ahmscbs.com）
社　　址：	合肥市政务文化新区翡翠路 1118 号出版传媒广场 14 层
邮　　编：	230071
营 销 部：	0551-63533604（省内）　0551-63533607（省外）
经　　销：	全国新华书店
印　　刷：	济南新先锋彩印有限公司
版　　次：	2019 年 6 月第 1 版
	2019 年 6 月第 1 次印刷
开　　本：	960 mm×1270 mm　1/12
印　　张：	14
书　　号：	ISBN 978-7-5398-8652-7
定　　价：	368.00 元

如发现印装质量问题，请与我社营销部联系调换。
版权所有·侵权必究
本社法律顾问：安徽承义律师事务所 孙卫东律师

© 2005 Mondadori Electa S.p.A., Milano – Italia
© 2019 for this book in Simplified Chinese language – Phoenix-Power Cultural Co., Ltd
Published by arrangement with Atlantyca S.p.A.
Original Title Museo Egizio Torino
Text by Silvia Einaudi
No part of this book may be stored, reproduced or transmitted in any form or by any means,
electronic or mechanical, including photocopying, recording, or by any information storage and retrieval system,
without written permission from the copyright holder. For information address
Atlantyca S.p.A., via Leopardi, 8-20123
Milano Italy – foreignrights@atlantyca.it – www.atlantyca.com
Cover picture © Phoenix-Power Cultural Co., Ltd
著作权合同登记号　图字：12181842号

Photo Reference

Archivio Mondadori Electa, Milano, su concessione del Ministero
per i Beni e le Attività Culturali
Foto Giacomo Lovera, Torino
Foto Museo Egizio, Torino
L'editore è a disposizione degli
aventi diritto per eventuali fonti
iconografiche non individuate.

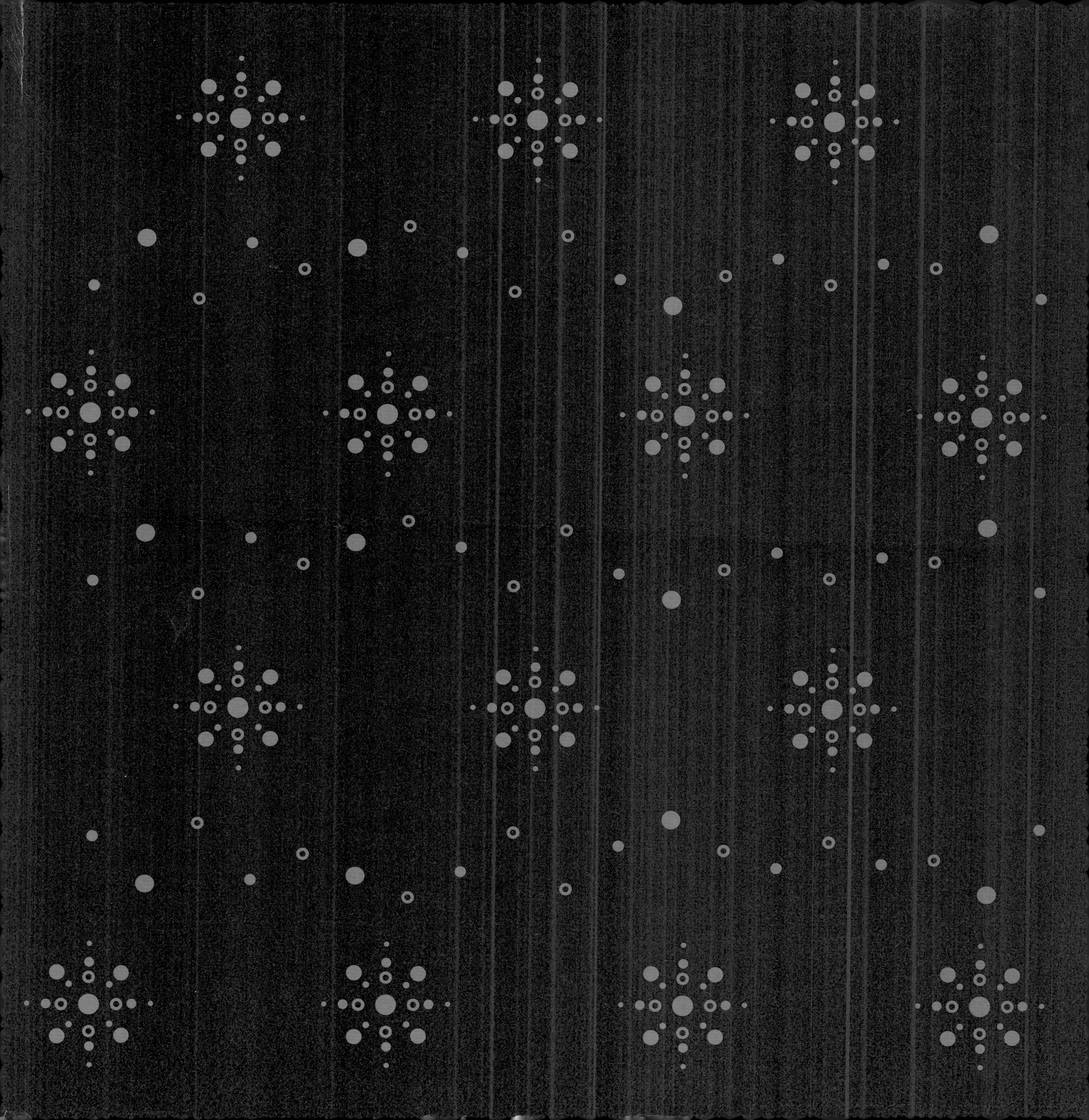